V&R

Verena Göttsching

Interpretieren im Lateinunterricht – konkret

Kopiervorlagen für alle Jahrgangsstufen

Vandenhoeck & Ruprecht

Mit 19 Abbildungen

Bibliografische Information der Deutschen Nationalbibliothek
Die Deutsche Nationalbibliothek verzeichnet diese Publikation in der
Deutschen Nationalbibliografie; detaillierte bibliografische Daten sind
im Internet über http://dnb.d-nb.de abrufbar.

ISBN 978-3-525-71115-6

Weitere Ausgaben und Online-Angebote sind erhältlich unter: www.v-r.de

Umschlagabbildung: © nuvolanevicata/shutterstock

© 2017, Vandenhoeck & Ruprecht GmbH & Co. KG, Theaterstraße 13, D-37073 Göttingen/
Vandenhoeck & Ruprecht LLC, Bristol, CT, U.S.A.
www.v-r.de
Alle Rechte vorbehalten. Das Werk und seine Teile sind urheberrechtlich geschützt.
Jede Verwertung in anderen als den gesetzlich zugelassenen Fällen bedarf der vorherigen
schriftlichen Einwilligung des Verlages.
Printed in Germany.

Satz: SchwabScantechnik, Göttingen
Druck und Bindung: ⊕ Hubert & Co GmbH & Co. KG, Robert-Bosch-Breite 6, D-37079 Göttingen

Gedruckt auf alterungsbeständigem Papier.

Inhalt

Vorwort 7

Lehrbuchtexte
1 VIVA: Sextus Roscius vor Gericht 8
2 Prima nova: *Hannibal ante portas* 14
3 Pontes: Ein »Dummkopf« wird Konsul 18

Texte der Übergangslektüre
4 Phaedrus: *Formica et Musca* 23
5 Einhardus: Karl – eine große Persönlichkeit 27
6 1. Mose 37: Joseph und seine Brüder 33
7 Terenz, Adelphen: Erziehungsstile 38

Originaltexte
8 Caesar: Rede des Critognatus 43
9 Cicero: Die sokratische Wende 48
10 Seneca: Ursachen des Zorns 55
11 Seneca: Das Alter 59
12 Ovid: Schönheitsoperationen 63
13 Vergil: Aeneas verlässt Dido 67

Bildnachweise 72

Liebe Kollegin, lieber Kollege,

in diesem Buch finden Sie als Ergänzung zum Handbuch »Interpretieren im Lateinunterricht«[1] vollständige und erprobte Interpretationen lateinischer Texte für alle Stufen des Gymnasiums.

Zur besseren Orientierung mögen folgende Hinweise dienen:

▶ Jede Interpretation hat drei Teile: Unter **A** finden Sie den Einstieg in die Phase der Interpretation. Dieser ist *vor* der eigentlichen Interpretation und *vor* dem zu interpretierenden Text angesiedelt. Betrachten Sie ihn als (motivierende) Anknüpfung an die Lebenswelt der SuS. Sie können auf ihn verzichten, wenn die Zeit knapp ist oder der Unterrichtskontext nicht passt. Der Einstieg kann allerdings, da er das Textverständnis und die Texterschließung vorbereitet, ein wichtiger Bestandteil der Interpretation sein. Unter **B** befindet sich die (philologische) Analyse des Textes. Sie betrifft – je nach den Bedingungen des Textes – alle vier Seiten des Analysequadrats, also die Aspekte der Textsorte, der Textstruktur, des Textinhalts und der Textaussage. Sehr selten sind alle vier Seiten bei den Aufgaben berücksichtigt – dies würde den Rahmen des Unterrichts sprengen und die Motivation der SuS deutlich beeinträchtigen. **C** bietet die eigentliche Interpretation, die in der Fachliteratur auch die gegenwartsbezogene, anthropologische oder pädagogische genannt wird; diese stellt den Kontakt zwischen dem Text und den Lebenswelten und Erfahrungen der jungen Menschen her. Dort finden Sie vielfältige Aufgabentypen, teilweise mit kreativen und produktionsorientierten Interpretationsansätzen.

▶ Für fast alle Aufgaben können Sie im Downloadbereich (→DLB) auf Lösungsideen und Lösungshinweise zurückgreifen, u.z. auf der Seite www.v-r.de direkt beim Titel. Manche Aufgaben sind als *freie Schülerbeiträge* zu verstehen, deren Antworten wir Lehrende nicht antizipieren können oder wollen.

▶ Den Interpretationen ist teilweise eine Übersetzung beigefügt; damit werden Sie zu einer synoptischen Bearbeitung der Interpretation eingeladen. Teilweise wird auch auf die Übersetzung verzichtet; dann finden Sie diese in den Lösungshinweisen.

▶ Die lateinischen Texte sind ohne Vokabelhilfen und weitere Erläuterungen abgedruckt.

Freiburg, im August 2016   Verena Göttsching

[1] Göttsching, V./Marino, S.: Interpretieren im Lateinunterricht. Ein Handbuch, Göttingen 2016.

1 VIVA: Sextus Roscius vor Gericht

A Was ist gerecht, was ungerecht?

A 1 Was fällt dir ein, wenn du das Wort »gerecht« bzw. »ungerecht« hörst? Notiere drei Punkte, die dir spontan in den Kopf kommen. Bilde mit Mitschülern eine Vierergruppe. Vergleicht eure Punkte (Aspekte). Einigt euch auf die drei wichtigsten (jeweils für »gerecht« und »ungerecht«). Notiert diese an der Tafel.

....

....

....

A 2 Ordnet im Klassengespräch einige Aspekte in eine Wertepyramide ein. Sprecht darüber, warum ihr *einen* Aspekt für wichtiger haltet als einen *anderen*.

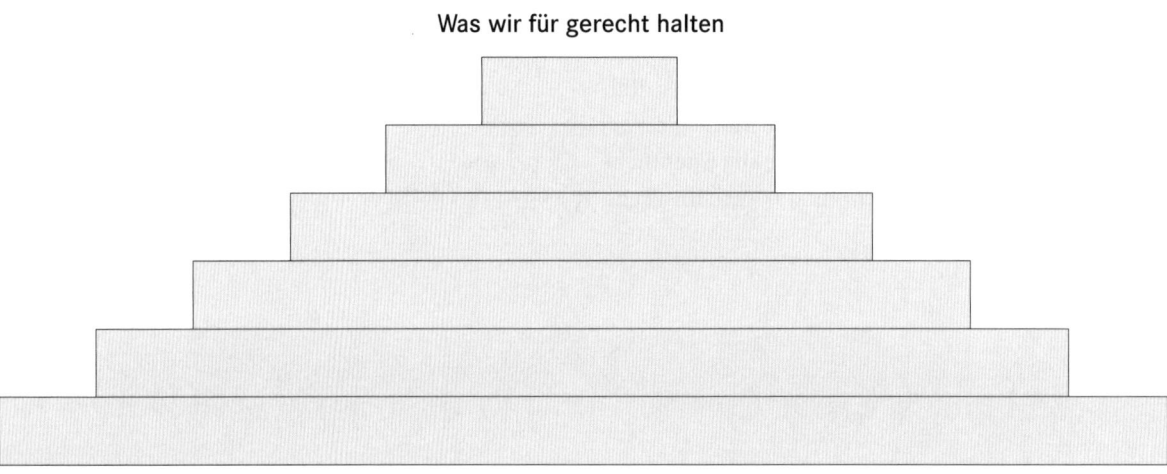

Was wir für gerecht halten

Text 1: Mord in Rom

*Der junge Anwalt **Cicero** hat sich bei **Caecilia Metella**, einer wohlhabenden Römerin, eingefunden. Bei ihr zu Gast ist **Sextus Roscius**, dessen Vater kürzlich ermordet wurde.*

    C: Mortem patris vindicare et auctores caedis in crimen vocare
        paras. Existimem te iam suspicionem habere?
    S: Ego ipse accusor.
    C: Num parricidii accusaris? Quis hoc credat?
5   **M:** Sextus Roscius maior postea proscriptus est et bona eius
        minimo vendita sunt.
    C: Res difficilis est! Quam ob rem ego patronus hanc causam
        suscipiam? Sunt tot magni oratores, tot nobiles viri, quibus neque
        aetate neque ingenio neque auctoritate aequus sum.
10 **S:** Alii iniuriam defendere non audent.

M: Tempora iniqua sunt. Constat Sullam hostes suos palam necare. Ii autem, quibus favet, aliorum bonis facultates suas augent.

S: Aperte dicamus: Causa agitur a Chrysogono, viro improbo et crudeli, [et] qui plurimum potest apud Sullam. Chrysogonus nunc bona patris mei tenet.

15

C: Cur ergo aliquis committat, ut in crimen falsum involvatur?

M: Id, quod venit in iudicium, non solum est caedes: Re vera agitur de iure et bono totius civitatis! Agitur de institutis rei publicae Romanae!

B 1 Juristensprache 1

B 1.1 Cicero ist Anwalt, daher benutzt er »juristische« Wörter. Suche im Text solche Wörter (Im Deutschen könnten das Begriffe sein wie: Verbrechen, Anklage, Verteidigung, Urteil, Recht u. a.).

....

....

....

B 1.2 Ordne die Wörter, indem du diese in die entsprechende Rubrik der Tabelle unten einfügst.

Vor Gericht			
Verbrechen (Tat)	Anklage, Ankläger	Verteidigung, Verteidiger	Gericht, Richter

B 1.3 Beschreibe die im Text dargelegte Situation mit eigenen Worten. Verwende einige der juristischen Begriffe.

....

....

....

....

....

B 2 Am Anfang der Karriere

B 2.1 Nenne lateinisch und deutsch Gründe, warum Sextus Roscius, obwohl sein Prozess bevorsteht, noch keinen Anwalt hat.

....

....

B 2.2 Wenn ein unbekannter junger Anwalt wie Cicero einen schwierigen Prozess übernimmt: Mit welchen Nachteilen muss er rechnen bzw. welche Vorteile kann er sich erhoffen?

Nachteile: ....

....

Vorteile: ....

....

B 3 Schlimme Zeiten

Bildet zwei Gruppen und führt eine Recherche durch.

Gruppe A:
Gebt in einer Suchmaschine das Stichwort *Proskription* ein (z. B. *www.imperium-romanum.info/wiki/index.php?title=Proskription*).
Lest den Artikel und definiert den Begriff mit eigenen Worten.

Proskription: ....

....

....

....

Gruppe B:
Gebt in einer Suchmaschine das Stichwort *Sulla* ein und lest den Artikel *schwarzbuch-diktatoren.jimdo.com/diktatoren-röm-reich-1/sulla/*.
Beschreibt Sullas Leben in wenigen Sätzen.

Lucius Cornelius Sulla: ....

....

....

....

Plenum:
Tragt eure Ergebnisse vor. Klärt gemeinsam im Klassengespräch,
(a) was Sulla mit Proskriptionen zu tun hat
(b) was Sulla mit dem Text zu tun hat.

Text 2: Cui bono?

Das Forum ist voll von Schaulustigen. Heute findet ein spektakulärer Mordprozess statt. Der junge Anwalt Cicero hat die scheinbar aussichtslose Aufgabe übernommen, Sextus Roscius zu verteidigen.

»Certe miramini, iudices, cur ego ipse Sextum Rosium defendam. Vero – minimo periculo dicere possim. Ad causam accessi, ut pro iure innocentis agerem. Utinam his temporibus adversis iustitia vincat!
5 Accusatores contendunt reum patrem media nocte Romae necavisse. Quemadmodum id faceret? Ameriae se tenuit, ubi bona patris fideliter administravit.
Cur Roscius patrem necaret? Num cupidus hereditatis vel bonorum patris erat? At eo occiso Roscius omnia amisit. Nam pater post
10 mortem prosciptus est et bona eius arrepta sunt. Potius quaeramus, cui bono scelus fuerit. Tres viri e facinore improbo lucrum fecerunt: Chrysogonus, qui nunc possessiones necati habet, item Magnus et Capito, qui in gratia eius sunt.
Utinam pecunia Sexti Roscii contentus esses, Chrysogone! Nunc
15 etiam vitam et sanguinem filii petis.
Bonis fortunisque, iudices, Sextus Roscius iam spoliatus est – et sortem fert. Vita autem ei restat! Ne crudelitatem probaveritis! Neve permiseritis, ut humanitatem ex animis amittamus!«

B 4 Juristensprache 2

B 4.1 Erweitere das juristische Sachfeld, das du in B 1.1/B 1.2 zusammengestellt hast, durch neue »juristische« Wörter.

B 4.2 Erarbeite aus dem lateinischen Text Merkmale, die die Textsorte bestimmen.

....

....

B 4.3 Von der Textsorte zur Situation: Antworte lateinisch auf die Fragen: Wer handelt, wo tut er das und worum geht es?

Wer? ....

Wo? ....

Worum geht es? ....

B 5 Argumentieren muss man können

B 5.1 Stelle lateinisch und deutsch drei Argumente zusammen, die Cicero für die Unschuld des Angeklagten vorbringt. Bewerte seine Argumente: Sind sie richtig (stichhaltig)?

Argument 1: ...., *weil* ....

Argument 2: ...., *weil* ....

Argument 3: ...., *weil* ....

B 5.2 Überprüfe, ob es auch ein Argument ist, wenn Cicero behauptet, Sextus Roscius verzichte auf sein Vermögen, nicht aber auf sein Leben.

C 1 Cui bono?

Immer wieder fragen Menschen bei einem Verbrechen nach diesem *Cui bono?* Wer zieht aus einem Verbrechen einen Nutzen?

C 1.1 Wende diese Frage auf den Mord am Vater des Sextus Roscius an.

C 1.2 Suche in deiner Tageszeitung oder im Internet den Bericht über einen Prozess. Wende dann diese Frage auf den Angeklagten an: Hatte er persönlich einen Nutzen von seiner Tat? Präsentiere dein Beispiel.

C 2 Was ist gerecht, was ungerecht?

C 2.1 Sammelt in Gruppenarbeit aus beiden Texten ungerechte Taten und Zustände. Bestimmt im Einzelnen, was an ihnen ungerecht ist.

Taten: ....

....

....

....

Zustände: ....

....

....

....

C 2.2 Vergleicht diese »Ungerechtigkeiten« mit denen, die ihr in A 1/A 2 zusammengestellt habt. Könnt ihr Unterschiede feststellen? Könnt ihr sie auch begründen?

C 2.3 Kommen in diesem Text auch gerecht denkende und handelnde Bürger vor?

C 3 Fabelhafte Wesen

Stelle dir vor, du seist eine Dichterin/ein Dichter von Fabeln. Überlege dir für Sextus Roscius, Chrysogonus und Cicero je ein Tier, das sie verkörpern könnte. Zeichne drei Fabelwesen.

Sextus Roscius, ein armer Kerl, soll ein .... sein.

Chrysogonus, ein übler Verbrecher, soll ein .... sein.

Cicero, ein unerfahrener Anwalt, soll ein .... sein.

2 Prima nova: *Hannibal ante portas*[1]

A Darf ein Vater so etwas verlangen?

Hannibals Vater hieß **Hamilkar Barkas.** »Barkas« bedeutet »Blitz«. Somit war Hamilkar Familienvorstand einer Familie, die schon durch ihren Namen unter den anderen Familien der Stadt herausragte. Die Familie war in **Karthago** äußerst einflussreich.

Das Leben des Hamilkar Barkas war vom Zorn bestimmt. Zornig war er in erster Linie auf die Römer: Er hielt sie für üble Räuber, weil sie den Karthagern die **Vorherrschaft über das Mittelmeer** streitig machten.

Folgende Geschichte wird erzählt; ob sie wahr ist, kann niemand sagen.

Als Hamilkar alt und schwach wurde und bemerkte, dass sein Leben zu Ende ging, ließ er seinen Sohn Hannibal zu sich rufen; Hannibal war damals 10 Jahre alt. Der Vater sagte zu seinem Sohn: »Du, mein Sohn Hannibal, wirst meinen Kampf gegen die verhassten Römer fortsetzen. Es kann nur ein Volk geben, welches das Mittelmeer beherrscht, und das sind wir, die Karthager, die wir seit jeher die Herren des Mittelmeers waren. Die Römer sind gierig, anmaßend und brutal. Das können wir nicht dulden.
Schwöre bei unserem obersten Gott Baal, schwöre es: Niemals wirst du einen guten Gedanken über die Römer zulassen, erst dann wirst du Ruhe geben, wenn Rom endgültig besiegt ist. Schwöre es bei Baal!« Hannibal schwor bei seinem Leben, die Römer bis zum Letzten zu bekämpfen. Nach dem Tod des Vaters übernahm Hannibal den Oberbefehl über alle Truppen der Karthager und führte sie von Erfolg zu Erfolg.

Obwohl wir nicht wissen, ob diese Geschichte sich tatsächlich so abgespielt hat, können wir dennoch die Frage stellen: Ist es richtig, dass ein Vater den Lebensweg seines Sohnes so sehr beeinflusst?

A1 Erarbeitet eine Spielszene, in der *Hannibal, Hamilkar,* einige *Diener,* ein *Priester* und der sicher anwesende *Arzt* eine Rolle spielen. Spielt die Szene.

A2 Sprecht über die Gefühle, die der junge Hannibal bei den Worten des Vaters empfunden haben könnte.

A3 Stimmt ab: Handelt der Vater richtig oder falsch, wenn er seinen Zorn auf die Römer an seinen Sohn weitergibt und damit seinen Lebensweg festlegt?

A4 Bildet eine »richtig«-Gruppe und eine »falsch«-Gruppe. Begründet eure Meinung, indem ihr in der Gruppe entsprechende Argumente sammelt.

Hannibal ante portas

Hannibal überquert im Winter 218 v. Chr., von Spanien kommend, völlig überraschend mit seinem Heer die verschneiten Alpen und steht plötzlich in Oberitalien. Die Römer leisten in mehreren Schlachten Widerstand, doch vergeblich; obwohl ihr Heer größer als das des Hannibal ist, verlieren sie alle Kämpfe, auch den letzten, der im Jahr 201 v. Chr. bei Cannae (Apulien) geschlagen wird; dabei geht fast das ganze römische Heer zugrunde. Der Weg nach Rom ist damit für Hannibal frei. In Rom löst die Nachricht über diese böse Niederlage Angst und Schrecken aus.

Uxores Romanorum, postquam de calamitate legionum Romanarum
audiverunt, totam urbem vocibus compleverunt. Uxor quaedam: »Di
boni, adeste mihi miserae! Cuncti filii mei cum hoste pugnaverunt.
Num filios amisi?« Alia autem uxor: »Cur tu te miseram vocas? Maritus
5   tuus in urbe mansit tibique multi filii sunt. Ego autem maritum non

---

[1] Prima nova, L. 14, C. C. Buchner Verlag, Bamberg 2011, S. 69.

habeo mihique unus filius restat.
Non solum tu, sed etiam nos saluti
virorum nostrorum timemus!«
Etiam senatores statim in curiam
10 convenerunt, de sorte urbis
consuluerunt: Unus e senatoribus ita dixit:
»Hannibal magnis laboribus milites
elephantosque per Alpes in Italiam
duxit, multa oppida cepit, legiones
15 nostras vicit, nunc certe Romam
contendere cupit. Nobis autem legiones
non iam sunt. Equidem ita censeo:
Aperite portas victori!« Alius autem
senator: »Ego vero sententiam tuam non
20 probo. Hannibal nos proelio vicit, sed
victor belli non est. Moenia Romae alta
sunt. Cuncti Romani urbem armis
servare debent.«

Abb. 1: Kolosseum

B Hannibal steht vor den Toren Roms

B 1 Die Sorgen der römischen Frauen und …

B 1.1 Stelle lateinische Wendungen zusammen, aus denen die Sorgen der beiden Römerinnen hervorgehen. Was fürchtet die eine, was die andere?

Die eine: ....

....

Die andere: ....

....

B 1.2 Erschließe, was diesen römischen Frauen im Leben wichtig ist:

....

....

B 1.3 Beschreibe das Verhältnis der Frauen untereinander.

....

....

B 2 … die der römischen Senatoren

B 2.1 Stelle ebenso lateinische Zitate zusammen, in denen die beiden Männer ihre Meinung zur politischen Lage ausdrücken. Wie beurteilt der eine, wie der andere die Lage?

Der eine: ....

....

Der andere: ....
....

B 2.2 Erschließe aus ihren Worten, was den beiden Senatoren im Leben wichtig ist:

....

....

B 2.3 Wenn hier nicht Senatoren ihre Sorgen ausdrücken würden, sondern einfache Bauern oder Tagelöhner: Schreibt einen kleinen Text, in dem *diese* Männer ihre Sorgen für die Zukunft ausdrücken.

> Ich bin ein einfacher Mann. Ich habe angesichts der bedrohlichen Lage viele Sorgen:

C Der Kampf um das Überleben

C 1 Angst ist ein schlechter Ratgeber!

C 1.1 Erkläre dieses Sprichwort.

....

....

....

C 1.2 Wende es entweder auf die Aussagen der Frauen oder der Senatoren an.

....

....

....

C 1.3 Überlege, ob auch du schon einmal aus Angst eine falsche Entscheidung getroffen hast. Sprich mit deinem Tischnachbarn über das, was du erlebt hast.

C 2 Pro und Contra

C 2.1 Ein Senator schlägt vor, die Römer sollten sich ergeben und die Stadt den Feinden überlassen. Ein anderer rät zu einem bedingungslosen Kampf um ihre Stadt. Bildet zwei Gruppen: Gruppe A sammelt Argumente für eine Kapitulation, Gruppe B für den Kampf um Rom. Führt danach ein Streitgespräch.
C 2.2 Gestaltet gemeinsam ein Plakat mit der Aufschrift: ROM

C 3 Ein Rätsel

Tatsächlich zieht Hannibal an Rom vorbei und schlägt sein Lager südlich von Rom auf.
Stellt Vermutungen an, aus welchen taktischen oder psychologischen Gründen Hannibal die für ihn so vorteilhafte Situation nicht ausgenutzt hat. Wenn ihr die beiden Fremdwörter nicht kennt, schlagt sie im Lexikon nach.

Taktische Gründe: ....

....

....

....

Psychologische Gründe: ....

....

....

....

3 Pontes: Ein »Dummkopf« wird Konsul

A Fragen an Pythia

Ein Orakel ist eine göttliche Aussage, die durch einen Menschen (Medium) vermittelt wird. Diese Person deutet göttliche Zeichen und kann die Zukunft vorhersagen. Der Begriff Orakel leitet sich aus dem lateinischen Verb *orare* (sprechen) ab. Das berühmteste Orakel aller Zeiten war das von **Delphi,** wo die Seherin Pythia Antworten auf die Fragen der Menschen gab. Diese soll ihr der Gott Apoll, dessen Priesterin sie war, eingegeben haben. Orakelsprüche sind selten eindeutig, sondern müssen von den Menschen noch gedeutet werden.

Abb. 2: Pythia

A 1 Stelle dir vor: Die Seherin Pythia sitzt auf ihrem dreibeinigen Schemel, vor ihr eine Gruppe von Menschen, die sie befragen wollen, weil sie einen Rat für ihr Leben benötigen: Da wartet
- ein *Richter,* der bald ein wichtiges Urteil fällen muss,
- ein *Mann,* der überlegt, Soldat zu werden,
- ein *Politiker,* der über Krieg oder Frieden entscheiden soll.

Diese Personen stellen an Pythia die Frage: »Was soll ich tun?« Auf den Tafeln findest du drei Orakelsprüche. Ordne diese den Personen zu.

| Erkenne dich selbst! | Alles in Maßen! | Jedes Land ist Vaterland! |

A2 Überlege dir für jede Antwort zwei Deutungen.

A3 Recherchiert: Gibt es heute noch Wahrsager oder Zukunftsdeuter?

Ein »Dummkopf« wird Konsul[1]

Diu reges iusti Romanos rexerant. At Tarquinius, ultimus rex, eos opprimebat.
Hic a Romanis »Superbus« appellabatur, quia saeve et superbe agebat: Non modo inimicos, sed etiam propinquos caedebat. Semper enim de
5 regno suo metuebat.
L. Iunium, filium sororis, non interfecit, quia illum regnum petere non putabat. Cuncti enim illum stultum esse dicebant. Itaque L. Iunius »Brutus«[2] dicebatur.
Quodam die rex in peristylo serpentem conspexit. Secum cogitavit:
10 »Quid hoc omine significatur?«
Statim filios una cum Bruto ad se vocavit et »Voluntatem deorum«, inquit, »cognoscere cupio, quia omen malum me sollicitat. Proinde Delphos ite et a saderdote oraculum petite! Tu, Brute, cum eis ibis.«

In Delphi erledigen die drei jungen Männer zunächst den Auftrag von Tarquinius. Die Antwort des Orakels ist nicht überliefert. Danach aber befragen sie das Orakel, wer von den jungen Männern die Nachfolge des Tarquinius antreten wird. Sie hören folgende Antwort:

> »Die Herrschaft über Rom wird der haben,
> der von euch, ihr jungen Männer,
> zuerst die Mutter küsst.«

Tum fratres ad navem cucurrerunt. At Brutus secum cogitavit:
15 »Quamquam Brutus vocor, tamen stultus non sum: Oraculo non decipior«, se in humum proiecit terramque ore tetigit. Filii regis clamaverunt: »Propera, Brute, et navem ascende! A patre exspectamur.« Brutus autem summissa voce respondit: »Properate

---

1 Pontes, Zusatzlektion 2, Ernst Klett Verlag, Stuttgart – Leipzig 2014, S. 107.
2 Brutus: der Dumme

> domum! Stulti estis: verbis sacerdotis decipimini! Nescitis enim terram
> 20 verbis eius significari. Nam mater est terra hominum universorum.«
>
> Postea Romani Tarquinium Superbum filiosque pepulerunt et consules
> creaverunt: Brutum et alterum virum. Ex illo tempore quotannis duo
> consules creabantur.

B 1 Menschen sind so verschieden

B 1.1 Bildet drei Gruppen (A – B – C). Gruppe A charakterisiert Tarquinius Superbus mit deutschen Adjektiven, Gruppe B die beiden Söhne des Tarquinius, Gruppe C den Brutus. Fügt zu den deutschen Adjektiven auch lateinische Zitate hinzu.

Gruppe A – *Tarquinius* (3):

(a) .... / ....

(b) .... / ....

(c) .... / ....

Gruppe B – *Die Söhne* (1):

(a) .... / ....

Gruppe C – *Brutus* (2):

(a) .... / ....

(b) .... / ....

B 1.2 Stellt die Personen in einem Standbild so auf, dass ihre Charaktermerkmale und auch ihre Beziehungen untereinander *vor* dem Orakelspruch klar werden.

B 1.3 Entwickelt ein zweites Standbild, aus dem die Beziehungen untereinander *nach* der Befragung des Orakels hervorgehen. Ihr könnt beide Aufgaben auch zeichnen.

B 2 Die Doppeldeutigkeit von Orakelsprüchen

B 2.1 »Die Herrschaft über Rom wird der haben, der von euch, ihr jungen Männer, zuerst die Mutter küsst.« Ihr wisst ja: Jeder Orakelspruch ist zweideutig, also auch dieser:

Bei welchem Wort und warum ist der Spruch unklar? ....

....

....

Wie deutet Brutus den Spruch? ....

....

....

Wie deuten ihn die Söhne des Tarquinius? ....

....

....

Warum hat Brutus Recht? ....

C 1 Küsse und ihre Bedeutungen

C 1.1 Es gibt Olympiasieger, die ihre Goldmedaille, wenn man sie ihnen um den Hals gehängt hat, küssen. Stelle zwei verschiedene Vermutungen an: Was will der Sportler den Zuschauern damit sagen?

Vermutung 1: ....

Vermutung 2: ....

C 1.2 Untersuche, ob ein Sportler und Brutus denselben Grund für ihren Kuss haben.

C 1.3 Auch Papst Johannes Paul II. küsste, wenn er den Boden eines anderen Landes betrat, die Erde. Vergleiche seine Absicht mit der des Brutus.

C 2 Was Gerechtigkeit schafft

C 2.1 Du gehst mit Freunden durch die Stadt und ihr seht auf einer Litfass-Säule folgenden Spruch[3]:

OHNE TEILEN KEINE GERECHTIGKEIT
OHNE GERECHTIGKEIT KEINEN FRIEDEN
OHNE FRIEDEN KEINE ZUKUNFT

Erkläre deinem Tischnachbarn diese drei Sätze, indem du für jeden Satz ein Beispiel gibst.

C 2.2 Wendet [in Partnerarbeit] die Sätze auf Tarquinius Superbus an: Was müsste er, wenn er ein gerechter Herrscher wäre, unterlassen oder was müsste er anders machen?

C 2.3 Überlegt bzw. informiert euch, welcher/m aktuellen Politiker/in ihr diesen Spruch gerne per Post schicken würdet. Begründet eure Wahl.

....

C 2.4 Ihr betrachtet auch die andere Seite der Litfasssäule; dort findet ihr einen Reklamespruch: **GEIZ IST GEIL!**

(a) Was bedeutet eurer Meinung nach diese Aussage?

....

---

[3] Zu finden unter: antonwilhelmstolzing.de, Stichwort: Gerechtigkeit.

(b) Schreibt eine kurze Definition: Wann ist jemand geizig?

(c) Erprobt eure Definition an Tarquinius: Ist er nicht auch irgendwie geizig?

C 3 Böse Omina früher und heute

Die Schlange ist uns bekannt, weil sie Eva dazu verleitet, in den verbotenen Apfel zu beißen. Auch im »Dschungelbuch« oder in der berühmten »Harry Potter«-Serie ist die Schlange ein arglistiges und Unglück bringendes Tier. Der griechische Gott der Heilkunst trägt einen Stab, um den sich eine Schlange windet.

C 3.1 Diskutiere mit einem Partner, über welche »Kräfte« angeblich eine Schlange verfügt und welche Kraft ihr in der Geschichte über Brutus zugeschrieben wird.

Gute und schlechte Kräfte einer Schlange:

C 3.2 Welcher Körperteil, welches Verhalten der Schlangen macht den Menschen Angst und was ist ihnen – im Gegensatz dazu – so wichtig, dass sie das Tier für heilig halten?

Angst:

Heiligkeit:

C 3.3 Und wie steht es mit dir: Glaubst du an gute oder schlechte Vorzeichen? Nenne oder erfinde ein böses Omen.

C 3.4 Denke dir eine kurze Geschichte aus, in der dieses böse Omen eine Rolle spielt:

Abb. 3: Schlange

4 Phaedrus: *Formica et Musca*

A Geräusche[1]

Schließe für einen Moment die Augen, höre die Geräusche und beschreibe deine Empfindungen beim Hören mit zwei Adjektiven.

Die Geräusche empfinde ich als

....

Vers	Text
	Formica et musca contendebant acriter,
	quae pluris esset. Musca sic coepit prior:
	»Conferre nostris tu potes te laudibus?
	Moror inter aras, templa perlustro deum;
5	ubi immolatur, exta praegusto omnia;
	in capite regis sedeo, cum visum est mihi,
	et matronarum casta delibo oscula;
	laboro nihil atque optimis rebus fruor.
	Quid horum simile tibi contingit, rustica?«
10	»Est gloriosus sane convictus deum,
	sed illi qui invitatur, non qui invisus est.
	Aras frequentas? Nempe abigeris, cum venis.
	Reges commemoras et matronarum oscula?
	Super etiam iactas, tegere, quod debet pudor.
15	Nihil laboras? Ideo, cum opus est, nihil habes.
	Ego grana in hiemem cum studiose congero,
	te circa murum pasci video stercore;
	mori contractam cum te cogunt frigora,
	me copiosa recipit incolumem domus.
20	aestate me lacessis; cum bruma est, siles.
	Satis profecto rettudi superbiam.«
	Fabella talis hominum discernit notas
	eorum, qui se falsis ornant laudibus,
	et quorum virtus exhibet solidum decus.

---

1 Quelle: *www.salamisound.de/fliege-sounds* (u. a.).

B »Fabelhafter« Inhalt

B 1.1 Gliedere den Text in Einleitung – Hauptteil – Epimythion.

vv. .... : Einleitung / vv. .... : Hauptteil / vv. .... : Epimythion

B 1.2 Gliedere *zusätzlich* den Hauptteil in zwei Abschnitte: Gib den Abschnitten jeweils eine Überschrift.

vv. .... : Abschnitt 1 / Überschrift: ....

vv. .... : Abschnitt 2 / Überschrift: ....

B 1.3 Bestimme die Textsorte beider Hauptteile. Nenne als Belege aus jedem Abschnitt zwei Merkmale der Textsorte.

Abschnitt 1	Abschnitt 2
Merkmale:	Merkmale:

B 2 Aussage gegen Aussage

B 2.1 Unterstreiche im Text lateinische Zitate, die die wichtigsten Aussagen der beiden Tiere enthalten. Ordne die Aussagen so in die Tabelle ein, dass diese – wo es möglich ist – jeweils eine Antithese bilden (vv. 4–22).

Fliege ⟵	⟶ Ameise

B 2.2 Fasse in eigenen Worten zusammen: Was ist der Fliege im Leben wichtig? Was sind die Lebensvorstellungen der Ameise?

Fliege	Ameise
Abb. 4: Fliege	**Abb. 5:** Ameise

B 2.3 Beschreibe ausführlich, worum es bei dem Streit zwischen den beiden Tieren geht.

B 3 Besonderheiten des Textes

B 3.1 Überlegt gemeinsam, welches Stilmittel euch die Übersetzung besonders erschwert. Zeigt dies an mindestens drei Beispielen aus dem Text.

B 3.2 Formuliert den wichtigsten Satz des Textes in normaler (lateinischer) Satzstellung. Welches ist der wichtigste Satz? Findet es heraus.

C 1 Tiere und Menschen

C 1.1 Charakterisiert die Tiere, indem ihr ihnen jeweils

(a) drei charakterisierende Adjektive zuweist,

....

(b) eine Berufsbezeichnung und

....

(c) einen Spitznamen gebt.

....

C 1.2 In der Fabel verhalten sich Tiere wie Menschen. Denkt euch eine Geschichte aus, in der sich zwei Menschen begegnen, die dieselben Charaktermerkmale wie Fliege und Ameise aufweisen.

Zwei Menschen begegnen einander:

4 Phaedrus: Formica et Musca | 25

C 2 Die Moral der Geschichte: Ruhm oder Tugend?

C 2.1 Zeige, dass auch in diesem Satz (vv. 23–25) eine Antithese steckt. Welche Worte/Begriffe stehen zueinander im Gegensatz?

....

C 2.2 Erläutere diese Moral, indem du darlegst, ob diese eine Rolle in deinem Leben spielen könnte.

....

....

....

....

C 2.3 Gib als weitere Konsequenz der Geschichte jedem der beschriebenen Typen einige Lebensregeln mit auf den weiteren Lebensweg.

Lebensregeln:

5 Einhardus: Karl – eine große Persönlichkeit

A Wer bin ich?

A1 Stelle dir vor, du hättest die Aufgabe, für einen Zeitungsartikel Leben und Wirken einer bestimmten Person zu beschreiben. Welche Aspekte würdest du auswählen, um sie zu charakterisieren? Nimm aus dem Kasten mindestens vier Punkte heraus, die dir für eine Beschreibung wichtig erscheinen.

Vorlieben und Abneigungen – Aussehen – Beruf – Bildung – Charaktereigenschaften – (wichtige) Ereignisse – Erfolge und Misserfolge – Familie – Freunde – Glaube – Hobbys – Interessen – Kinder – Lebensdaten – Lebensbedingungen – Lebenseinstellung – Lebensziele – Umgang mit anderen – Herkunft u. a.

A2 Beschreibe dann mit Hilfe »deiner« Aspekte in einem kurzen deutschen Text eine echte Person aus deiner Bekanntschaft und stelle sie deinen Mitschülern vor *(natürlich ohne Namensnennung).*

A3 Welche zusätzlichen Aspekte der Personenbeschreibung erwartest du, wenn eine *berühmte* Person dargestellt werden soll?

Carolus Magnus

(1) Carolus corpore fuit amplo atque robusto, statura eminenti, quae tamen iustam non excederet. Incessu fuit firmo totaque corporis habitudine virili; voce clara quidem, sed quae minus corporis formae conveniret.

(2) Valetudine prospera fuit, praeter quod, antequam decederet, per quattuor annos crebro febribus corripiebatur, ad extremum etiam uno pede claudicaret. Et tunc quidem plura suo arbitratu quam medicorum consilio faciebat, quos paene exosos habebat, quod ei in cibis assa, quibus assuetus erat, dimittere et elixis adsuescere suadebant.

(3) Exercebatur assidue equitando ac venando; quod illi gentilicium erat, quia vix ulla in terris natio invenitur, quae in hac arte Francis possit aequari.

(4) Erat eloquentia copiosus et poterat, quicquid vellet, apertissime exprimere. Nec patrio tantum sermone contentus, etiam peregrinis linguis ediscendis operam impendit. In quibus Latinam ita didicit, ut aeque illa ac patria lingua orare sit solitus, Graecam vero melius intellegere quam pronuntiare poterat. Adeo quidem facundus erat, ut etiam dicaculus appareret.

(4) Artes liberales studiosissime coluit, earumque doctores plurimum veneratus magnis afficiebat honoribus. Discebat artem computandi et intentione sagaci siderum cursum curiosissime rimabatur.

(5) Temptabat et scribere tabulasque et codicellos ad hoc in lecto sub cervicalibus circumferre solebat, ut, cum vacuum tempus esset, manum litteris effigiendis adsuesceret, sed parum successit labor praeposterus ac sero inchoatus.

(6) Liberos suos ita censuit instituendos esse, ut tam filii quam filiae primo liberalibus studiis, quibus et ipse operam dabat, erudirentur. Tum filios, cum primum aetas patiebatur, more Francorum equitare, armis ac venationibus exerceri fecit, filias vero lanificio adsuescere, ne per otium torperent, operam impendere atque ad omnem honestatem erudiri iussit.

(7) Ex his omnibus duos tantum filios et unam filiam, priusquam moreretur, amisit. Mortes filiorum ac filiae pro magnanimitate, qua excellebat, minus patienter tulit, pietate videlicet, qua non minus insignis erat, compulsus ad lacrimas. Nuntiato etiam sibi Hadriani Romani pontificis obitu, quem in amicis praecipuum habebat, sic flevit, acsi fratrem aut carissimum filium amisisset. Erat enim in amicitiis optime temperatus, ut eas et facile admitteret et constantissime retineret, colebatque sanctissime omnes, quos sibi adiunxerat.

(8) Filiorum ac filiarum tantam in educando curam habuit, ut numquam domi positus sine ipsis cenaret, numquam iter sine illis faceret. Adequitabant ei filii, filiae vero [...] sequebantur, quarum agmen extremum satelli-

tes ad hoc ordinati tuebantur. Quae cum pulcherrimae essent et ab eo plurimum diligerentur, nullam earum cuiquam aut suorum aut exterorum nuptum dare voluit, sed omnes secum usque ad obitum suum in domo sua retinuit, dicens se earum contubernio carere non posse.

B 1 Karolus – ein Hi-Man?

Einhardus, der Autor des Textes, hat sich zur Aufgabe gemacht, Karolus als einen besonderen Mann, als einen *Superman* darzustellen. Gelingt ihm das?

B 1.1 Weise folgenden im Text beschriebenen Eigenschaften die entsprechenden lateinischen Wendungen zu. Notiere immer das *vollständige* Zitat.

Abb. 6: Karl der Große

Karolus – ist ein stattlicher Mann	
– ist sehr groß	
– spricht mit heller Stimme	
– besitzt eine stabile Gesundheit	
– ist eigensinnig	
– ist mäßig im Essen und Trinken	
– ist ein guter Vater	
– ist ein guter Freund	
– ist egozentrisch	
– ist wissbegierig und gebildet	
– ist sprachbegabt	

B 1.2 Fasse die Stärken des Herrschers in eigenen Worten kurz zusammen.

B 1.3 Untersuche die Zitate aus B 1.1 nach sprachlichen und stilistischen Merkmalen: Wie und wodurch hebt der Autor die Eigenschaften des Mannes hervor?

....
....
....
....

B 1.4 Du kennst jetzt Karl etwas genauer. Findest du im Bild von S. 28 die Darstellung des Autors wieder? Nenne Übereinstimmungen.

....
....
....

B 1.5 Gib den Suchbegriff »Karl der Große vor dem historischen Museum Frankfurt« in eine Suchmaschine ein. Verändere das Bild, indem du es schmaler oder breiter ziehst. Welche Veränderungen für die Bewertung der Person ergeben sich dadurch? Diskutiere dann mit deinem Tischnachbarn darüber, wie man Bilder und deren Aussagen mit moderner Technik manipulieren kann.

B 2 Karl – ein Familienmensch?

Was verstand Karl unter einem guten Familienleben?

B 2.1 Nenne positive Aspekte seiner Vorstellung eines guten Familienlebens (mit lateinischen Belegen).

....
....

B 2.2 Siehst du auch Nachteile?

....
....

B 2.3 Was würdest du aus deiner Sicht an Karl als Vater schätzen, was würdest du ablehnen? Begründe deine Meinung (Mädchen-Jungen-Antworten).

Mädchen: ....
....
....
....

Jungen: ....
....
....
....

B 2.4 Zeichne eine Familienaufstellung (Soziogramm): Wie stehen die Familienmitglieder zueinander? Bedenke dabei: Karl hat 18 Kinder (8 m, 10 w). (Bei einer Familienaufstellung werden Personen an einen bestimmten Platz gestellt, so dass man erkennen kann, wie eng oder nicht eng die Familienmitglieder zueinander stehen.)

Vater Karl

Abb. 7: Musketier

B 3 Karl – ein gebildeter Mann?

B 3.1 Lies die nachfolgenden Behauptungen und kreuze die richtige Antwort an.

	verum	falsum
Karl sprach perfekt Fränkisch.		
Er sprach auch Latein, aber nicht besonders gut.		
Griechisch konnte er nicht sprechen.		
Er war ein wissbegieriger Student.		
Rechnen konnte er gut.		
Sein Interesse galt der Rhetorik und der Dialektik.		
Astronomie interessierte ihn nicht.		
Karl konnte nicht schreiben.		
Er konnte auch nicht lesen.		
Er interessierte sich für Musik.		

C Fragen an den Text

C 1 Recherchiert in Partnerarbeit, was unter den *artes liberales* (Z.19) zu verstehen ist. Stellt Bilder der sieben *artes liberales* zu einer Collage zusammen (z. B.: http://www.phil.uni-passau.de/histhw/TutSchule/septem_artes.html).

C 2 Bildet drei Gruppen und bearbeitet jeweils eine der Aufgaben.

Gruppe A

(a) Tragt in die linke Spalte der Tabelle die Fächer ein, in denen sich Karl ausbilden ließ bzw. sich selbst ausbildete. Alle Zeilen sollen – wenn möglich – gefüllt werden.

Fächer damals	Fächer heute

(b) Füllt die rechte Spalte der Tabelle mit modernen Unterrichtsfächern, die denen der linken Spalte ungefähr entsprechen.
(c) Fasst zusammen: Was ist gleich geblieben, was hat sich verändert?

(d) Sammelt Gründe für die Erhaltung von Unterrichtsfächern, aber auch für die Veränderung und Erweiterung des Bildungsangebotes.
(e) Präsentiert eure Diskussionsergebnisse (auf Folie) dem Plenum.

Gruppe B
(a) Beschreibt auf der Grundlage des Textes, wie die Söhne und Töchter von Karl ausgebildet wurden.
(b) Lest folgenden Text, sprecht über ihn und fasst ihn dann in drei Sätzen zusammen.

»Frauen aller Stände wurden während der gesamten Epoche des Mittelalters als Menschen zweiter Klasse angesehen und waren dem Mann untergeordnet. Dieses Urteil wurde vor allem theologisch, aber auch philosophisch begründet. Die Konsequenzen aus dieser Haltung brachten den Frauen in vielfältiger Weise Nachteile und Missachtung. Innerhalb dieser systematischen Benachteiligung wurde nur einigen wenigen Frauen ein höherer Stellenwert zugeordnet. Dies betraf weibliche Angehörige des Adels oder die Frauen, die sich beispielsweise als Äbtissinnen geistlichen Tätigkeiten widmeten. Bei den Frauen niedrigen Standes wurden die verheiratete Frau und die Witwe etwas höher eingeschätzt als die ledige Frau.«[1]

(c) Diskutiert miteinander über folgende Fragen: Was denkt Karl über die Frauen? Sind seine Vorstellungen eher traditionell und entsprechen sie den Vorstellungen seiner Zeit? Oder denkt er fortschrittlicher und schätzt die Frau an sich höher ein?
(d) Bereitet eine Präsentation eurer Ergebnisse vor.

Gruppe C
(a) Übersetzt folgenden Text: *Qui a eu cette idée folle un jour d'inventer l'école? C'est sacré Charlemagne!* (Hilfestellung müsst ihr euch selbst suchen) und interpretiert die Aussage.
(Songtext: http://www.songtexte.com/songtext/france-gall/sacre-charlemagne)
(b) Stellt euch dann vor, es wäre euch prinzipiell verboten bzw. nicht möglich, eine Schule zu besuchen. Sammelt Folgen, die das Verbot für euch mit sich bringen könnte, und Folgen, die sich für die Gesellschaft ergeben könnten.

Folgen für mich:

....

....

....

Folgen für die Gesellschaft:

....

....

....

(c) Bereitet für (b) eine Grafik vor.

---

[1] www.leben-im-mittelalter.net/gesellschaft-im-mittelalter/frauen.html (Zugriff 10/2016)

6 1. Mose 37: Joseph und seine Brüder

A Das Bild im Kopf

Abb. 8: Joseph und seine Brüder

A1 *[Ein einzelner Schüler betrachtet und beschreibt den Mitschülern das Bild].* Höre mit geschlossenen Augen die Beschreibung des Bildes. Zeichne dann das Bild, das in deinem Kopf entstanden ist.

A2 Vergleiche deine Zeichnungen mit dem Bild oben und benenne die wichtigsten Elemente der Darstellung.

A3 Gib dem Bild einen Titel.

In die Fremde verkauft

Die folgende Geschichte ereignete sich vermutlich in Kanaan (~ heutiges Israel) im 2. Jahrtausend vor Chr. Dort lebten autonome Großfamilien. Einer dieser Familien stand Jakob vor, der von verschiedenen Frauen zwölf Kinder hatte. Seinen zweitjüngsten Sohn Joseph liebte er besonders; über dessen Bevorzugung waren die älteren Brüder mehr als wütend, zumal Joseph keineswegs zurückhaltend war und die Situation oft durch unbedachte Worte verschärfte. Voller Stolz erzählte er z. B. von seinen Träumen, in denen sich selbst die Sterne vor ihm zu verneigen schienen. Eines Tages schickte der Vater Joseph zu seinen älteren Brüdern, die in Sichem die Viehherden hüteten; er sollte nach dem Rechten sehen …

Cum fratres procul a patria in Sichem morarentur, ut greges patris pascerent, Iacob Ioseph monuit: »Vade et vide, ut cunctae res fratribus secundae sint.«
Ioseph autem fratres diu quaerebat; invenit eos tandem in Dothain.
5 Qui cum vidissent eum procul, insidias moliebantur;
nam cogitaverunt illum interficere. Dixerunt inter se: »Ecce! Somniator venit. Eum interficere et in unam cisternam mittere volumus.
Tum apparabit, quid ei ista somnia prosint!« Verebantur enim, ne ille aliquando regno potiretur.
10 Sed Ruben verba fratrum audiens de eiusmodi consilio valde iratus erat. Et dixit: »Non licet sanguinem fratris fundere. Proinde proicite eum vivum in hanc cisternam! Servate manus vestras a scelere liberas!« Conabatur enim Ioseph protegere eumque de manibus fratrum liberare.
15 Ubi autem Ioseph ad fratres pervenit, illi tunica nudaverunt et in cisternam miserunt, quae non habebat aquam. Et consederunt, ut cibum comederent. Subito viderunt Ismaelitas viatores venire et camelos eorum onera gravissima portantes. Quos diu admiratus Iudas, unus e fratribus, dixit: »Quid nobis proderit, si
20 interfecerimus fratrem nostrum? Melius est, ut vendatur Ismaelitis et manus nostrae non sanguine fratris polluantur. Fortunam experiri volumus.« Statim extrahentes Ioseph de cisterna Ismaelitis vendiderunt viginti argenteis. Tum tunicam fratris sanguine haedi, quem necaverant, tinxerunt eamque ad patrem
25 ferri iusserunt.
Qui tunicam ad patrem tulerant, dixerunt: »Pater, hanc vestem invenimus. Vide, utrum tunica filii tui sit an non!« Pater autem vestem diu spectabat. Cum cognovisset eam esse tunicam Ioseph, filium suum interfectum esse putabat. Et magna voce clamavit:
30 »Bestia mala Ioseph devoravit. Amisi filium meum! Eum me imprimis amavisse fateor. Neque corpus eius sepulcro condere possum!« Inde de hoc casu maestissimus erat neque umquam mortem filii lugere desiit. Multi frustra dolorem eius lenire conati sunt.
35 Ismaelitae autem in Aegyptum profecti sunt eoque Ioseph secum duxerunt.

B 1 Gute und schlechte Seiten

B 1.1 Erarbeite für die Brüder, für Ruben, für Joseph und für den Vater jeweils ein (deutsch formuliertes) Charakterbild, das aus guten *und* schlechten Eigenschaften besteht. Benutze dazu die folgende Tabelle.

Personen	Gute Eigenschaften	Schlechte Eigenschaften
Brüder		
Ruben		
Joseph		
Jakob		

B 1.2 Kann es sein, dass es in dieser Geschichte keine Person gibt, die *uneingeschränkt* gut oder böse ist? Beweise es.

B 1.3 Oft wird behauptet, dass die Eltern die Charakterbildung ihrer Kinder bewusst oder unbewusst beeinflussen. Diskutiere mit einem Partner, ob in dieser Geschichte das Verhalten oder das Vorbild des Vaters für den Charakter der Söhne verantwortlich sein könnte. Fasst eure Position in einer Grafik zusammen.

B 2 List und Tücke

B 2.1 Belege aus dem lateinischen Text, dass die Brüder gegenüber Joseph *heimtückisch* gehandelt haben. Definiere, was »Heimtücke« ist.

B 2.2 Stelle dir vor, du bist ein Staatsanwalt, der in unserem Land in einer Gerichtsverhandlung Anklage gegen die Brüder erheben würde. Alle Zeugen sind gehört. Jetzt hast du als Staatsanwalt das Wort. Formuliere einen Schlussvortrag, der folgende Punkte beinhalten soll.

1. Beschreibung der Tat
2. Nennung der Anklagepunkte
   (z. B. Freiheitsberaubung, versuchter Mord, versuchter Totschlag, Vertuschung einer Straftat u. a.)
3. beantragtes Strafmaß

Abb. 9: Richter

Hohes Gericht,
aufgrund der Aussagen zahlreicher Zeugen können wir die Tat, die den Angeklagten vorgeworfen wird, genau rekonstruieren:
Die Brüder (ausgenommen der älteste Bruder Ruben) haben ....

....

....

....

....

....

....

....

B 2.3 Das Wichtigste hat der Staatsanwalt vergessen: Aus welchem Motiv haben die Brüder ihre Tat durchgeführt? Für einen Mord hat der moderne Gesetzgeber genau festgelegt, welche Motive vorgelegen haben müssen, damit man auf Mord plädieren kann: Mordlust, sexuelle Begierde, Habgier und andere niedere Beweggründe wie z. B. Rache, Grausamkeit. Wie beurteilst du die Motive der Brüder? Könnte ein versuchter Mord angenommen werden?

Motiv(e): ....

....

....

....

B 3 Schmerz und Trauer

Untersuche die Reaktion des Vaters auf die schlimme Nachricht, indem du auf die Wortwahl, die Art der Aussage und auf sprachlich-stilistische Merkmale in den angegebenen Zeilen achtest (Z. 32–34).

Wortwahl: ....

....

Art der Aussage: ....

....

Sprachlich-stilistische Merkmale: ....

....

....

....

C 1 Vater und Söhne

Welche Einstellung der Brüder gegenüber dem Vater findet ihr besonders übel: die Vortäuschung von Josephs Tod, die Vortäuschung ihrer Unschuld, die Gleichgültigkeit gegenüber der Trauer des Vaters oder das Fehlen jeglicher Gewissensbisse/Reue? Macht in der Lerngruppe eine Umfrage und tragt das Ergebnis ein. Begründet die Haltung, die am meisten vertreten wurde.

(a) Vortäuschung des Todes: ....
(b) Vortäuschung der eigenen Unschuld: ....
(c) Gleichgültigkeit gegen seelische Schmerzen des Vaters: ....
(d) keine Gewissensbisse oder Reue: ....
Ergebnis: ....

C 2 Gerechtigkeit in der Familie

Formuliert jeweils einen Wunsch, den die Söhne des Jakob (also Ruben, Joseph und die anderen) haben, um sich in der Familie gerecht behandelt zu fühlen.

Ruben wünscht sich: ....

....

Joseph wünscht sich: ....

....

Die Brüder wünschen sich: ....

....

C 1.2 In Stillarbeit: Überlege dir, welche Wünsche du an deinen Vater, deine Mutter, deine Geschwister und an deine Großeltern richten möchtest, damit du dich in der Familie gerecht behandelt fühlst.

7 Terenz, Adelphen: Erziehungsstile

A Erziehen will gelernt sein

(Der Einstieg ist *integrativer* Bestandteil der Interpretation)

Abb. 10: Konfirmandin mit ihrem Vater   Abb. 11: Kunstunterricht

A1 Wenn du erwachsen wärest und bereits Kinder hättest: Wie würdest du deine Kinder erziehen?

so   oder   so?

Beschreibe beide Arten der Erziehung, die du hinter den Bildern vermutest.

A2 Lege fest, welche Aspekte du aus beiden Erziehungsstilen gut findest und welche nicht.

Bewertung	Bild 1	Bild 2
gut		
schlecht		

***Micio**, ein wohlhabender Römer, tritt beunruhigt aus seinem Haus, hinter ihm sein Sklave **Storax**. **Micio** hat offensichtlich das Bedürfnis, sich etwas, was ihn belastet, von der Seele zu reden.*

26 **Storax!** Non rediit hac nocte a cena Aeschinus
neque servolorum quisquam, qui advorsum ierant.
profecto hoc vere dicunt: Si absis uspiam
atque ibi si cesses, evenire ea satius est,
30 quae in te uxor dicit et quae in animo cogitat
irata, quam illa quae parentes propitii.
Uxor, si cesses, aut te amare cogitat
aut helluari aut potare atque animo obsequi
et tibi bene esse, soli sibi quom sit male.
35 Ego quia non rediit filius, quae cogito!
Quibus nunc sollicitor rebus! Ne aut ille alserit
aut uspiam ceciderit ac praefregerit
aliquid! Vah, quemquamne hominem in animum instituere aut
parare quod sit carius quam ipse est sibi!
40 Atque ex me hic natus non est, sed fratre ex meo.
Is adeo dissimili studiost iam inde ab adulescentia.
Ego hanc clementem vitam urbanam atque otium
secutus sum et, quod fortunatum isti putant,
uxorem numquam habui. Ille contra haec omnia:
45 Ruri agere vitam, semper parce ac duriter
se habere, uxorem duxit, nati filii
duo. Inde ego hunc maiorem adoptavi mihi:
Eduxi a parvolo, habui, amavi pro meo;
in eo me oblecto, solum id est carum mihi.
50 Ille ut item contra me habeat, facio sedulo:
Do, praetermitto, non necesse habeo omnia
pro meo iure agere: Postremo, alii clanculum
patres quae faciunt, quae fert adulescentia,
ea ne me celet consuefeci filium.
55 Nam qui mentiri aut fallere insuerit patrem
haud dubie tanto magis audebit ceteros.

> Pudore et liberalitate liberos retinere
> satius esse credo quam metu.
> Haec fratri mecum non conveniunt neque placent.
> 60 Venit ad me saepe clamans: »Quid agis, Micio?
> Quor perdis adulescentem nobis? Quor amat?
> Quor potat? Quor tu his rebus sumptum suggeris
> vestitu nimio indulges? Nimium ineptus es.«
> Nimium ipsest durus praeter aequomque et bonum,
> 65 et errat longe mea quidem sententia,
> qui imperium credat gravius esse aut stabilius,
> vi quod fit, quam illud quod amicitia adiungitur.

B 1 Erziehungsfragen

B 1.1 Gliedere den Text so, dass die Abschnitte zu folgenden Überschriften passen: Micios Sorgen – Micios Familiengeschichte – Micios Erziehungsgrundsätze – Demeas Erziehungsstil (Demea = Micios Bruder)

Micios Sorgen: ....

Micios Familiengeschichte: ....

Micios Erziehungsvorstellungen: ....

Demeas Erziehungsvorstellungen: ....

B 1.2 Belege deine Gliederung, indem du im Text die entsprechenden gliedernden Hinweise markierst.

B 2 Väterliche Sorgen

B 2.1 Zähle lateinisch vier Sorgen des Vaters Micio auf:

Sorge 1: ....

Sorge 2: ....

Sorge 3: ....

Sorge 4: ....

B 2.2 Kommentiere diese väterlichen Sorgen aus deiner Sicht:

Sorge 1: ....

Sorge 2: ....

Sorge 3: ....

Sorge 4: ....

B 2.3 Vergleiche deine Kommentare mit denen anderer Schüler.
B 2.4 Entwickle ein lateinisches Sachfeld zum Begriff »Erziehung«.

....

....

....

....

B 2.5 Ordne alle Begriffe in folgende Tabelle ein.

Erziehungsziele	Erziehungswege	Erziehungsgrundlagen

B 2.6 Beschreibe mit eigenen Worten und mit Hilfe der geordneten Zitate die Erziehung der beiden Väter Micio und Demea.

B 3 Was die Wissenschaft zur Erziehung sagt

B 3.1 In der Entwicklungspsychologie des Kindes wird u. a. der Umgang der Eltern mit dem Kind beobachtet und untersucht. Aus diesen Untersuchungen werden vier Erziehungsstile gewonnen, die sich durchaus auch überschneiden können.

Permissiver Stil	Autoritativer Stil
Die Eltern stellen an ihre Kinder geringe Anforderungen. Sie sind nachgiebig und kontrollieren wenig. Ihr Umgang mit ihnen ist freundlich und von Wärme bestimmt.	Die Eltern stehen mit ihren Kindern in offener Kommunikation, sie fordern sie. Kinder äußern ihre Meinung, Eltern antworten. Die Eltern erwarten konsequent die Einhaltung der gemeinsam verabredeten Regeln und Verhaltensstandards.
Vernachlässigender Stil	**Autoritärer Stil**
Eltern verhalten sich gegenüber ihren Kindern ablehnend und uninteressiert. Sie fordern die Kinder nicht, sie kontrollieren sie nicht.	Eltern überziehen die Kinder mit Regeln, Forderungen und Kontrollen. Sie befehlen und zeigen bei Nichtbefolgen negative Emotionen (Ärger, Wut, Aggression) und strafen. Verhaltensstandards werden nicht begründet.

Ordne sowohl Micio als auch Demea einem oder mehreren Erziehungsstilen zu.

B 3.2 Lies folgendes Fallbeispiel:

Aeschinus, 16 Jahre alt, möchte – obwohl er seinen Vater Micio überaus schätzt – wieder in der Familie seines eigentlichen Vaters Demea leben. Eines Abends trägt er dem Vater Micio seinen Wunsch vor. Wie wird dieser reagieren? Erfinde ein bis zwei Reaktionen des Vaters.

....

....

....

....

Stelle deine Vorstellungen der Klasse vor. Diskutiert über Micios mögliche Reaktionen, indem ihr auch solche von Demea antizipiert, wenn umgekehrt sein Sohn Ctesipho lieber zu Micio in die Stadt ziehen würde.

B 3.3 Zieht ein Fazit aus den Theorien der Erziehungsstile.

C Was ist in der Erziehung wirklich wichtig?

pudor (57) / liberalitas (57) / amicitia (67) / veritas (55–56[1])

Diese vier Begriffe nennt Micio als grundsätzliche Ziele seiner Erziehung. Bildet vier Gruppen:
Gruppe **pudor** – Gruppe **liberalitas** – Gruppe **amicitia** – Gruppe **veritas**.
Jede Gruppe enthält dieselben Aufgaben.

(1) Schlagt den Begriff im Wörterbuch nach und wählt eine Bedeutung aus, die zum Thema »Erziehung« passt.
(2) Konstruiert für den Begriff ein Fallbeispiel aus eurer Lebenswelt.
(3) Diskutiert und entscheidet euch (mehrheitlich): ist der Begriff für euch eine Tugend?
(4) Findet zu eurem Begriff drei verwandte Begriffe, die ihr eventuell auch als wichtige Tugenden bezeichnen würdet.
(5) Wählt – jeder für sich – zwei Begriffe (aus den vier) aus, die euch ein Leben lang begleiten sollen. Begründet eure Wahl.
(6) Hat Micio Recht, wenn er sagt, dass diese Haltungen in der Erziehung wichtig sind? Seht ihr das auch so?
(7) Entwerft eine Collage, die zusammen mit den anderen Collagen eine Wandzeitung ergeben könnte.

Abb. 12: Terenz, Die Brüder, in Comics gezeichnet von Helmut Oberst, München 1975[2]

---

1 *Non fallere patrem … ceteros*
2 Weitere Comics: »Plautus in Comics«, Die Gespenstergeschichte, Neuauflage 2011 in Din A 4-Format (mit Wörterverzeichnis), erhältlich beim Autor, Helmut Oberst, E-mail: mail@oberst-mylich.de.

8 Caesar: Rede des Critognatus

A Das Leben des Brian (Filmausschnitt: ab 15:30 Min[1])

A 1 Die Handlung des Films spielt in Judäa im Jahr 33 v. Chr. Informieren Sie sich über diese Epoche (z. B. *www.diercke.de/content/palästina-zur-zeit-jesu*).

A 2 Ziehen Sie dem Film(ausschnitt) die Maske der Satire ab:
(a) Nennen Sie rechtliche und/oder gesellschaftliche Fakten, die in einer von Römern besetzten Provinz zu finden sind.
(b) Nehmen Sie die Perspektive eines Provinzbewohners ein und überlegen Sie, welche harten Pflichten und welche Wohltaten die Römer den unterworfenen Völkern bringen.

Abb 13: Römer und Juden

Wir verlassen die Provinz Judäa und wenden uns nach Gallien. Im Jahr 52 vor Chr. (also ca. 20 Jahre vor der Szene des Filmes) erheben sich unter der Führung des Vercingetorix viele gallische Stämme gegen die römische Herrschaft. Nach wechselhaften und oft auch verlustreichen Kämpfen gewinnt Caesar allmählich die Oberhand. Vercingetorix zieht sich in die Stadt Alesia zurück. Die Römer belagern die Stadt, in der allmählich die Lebensmittel knapp werden und eine Hungersnot bevorsteht. Originalton Caesar:
»Die Belagerten in Alesia hatten, da der Tag, an dem die erwarteten Hilfsvölker hätten kommen sollen, vorüber war, […] eine allgemeine Versammlung einberufen, in der sie sich über den Ausgang ihrer Lage berieten. Die Meinungen waren verschieden; die einen stimmten für Übergabe, die anderen dafür, dass man sich, weil die Kräfte noch reichten, durchschlage. Bemerkenswert ist wegen ihrer ganz einzigartigen und ruchlosen Gefühllosigkeit die Rede des Critognatus. Er war ein hochadeliger Arverner von größtem Ansehen.« [77,1–2]

[77, 3–16, leicht gekürzt]

»Nihil,« inquit, »de eorum sententia dicturus sum, qui turpissimam servitutem deditionis nomine appellant, neque hos habendos civium loco neque ad concilium adhibendos censeo. Cum his mihi res sit, qui eruptionem probant; quorum in consilio omnium vestrum consensu pristinae residere virtutis memoria videtur. […] Atque ego hanc sententiam probarem – tantum apud me dignitas potest –, si
5   nullam praeterquam vitae nostrae iacturam fieri viderem: sed in consilio capiendo omnem Galliam respiciamus, quam ad nostrum auxilium concitavimus. […]
Quid animi [hominum milibus LXXX uno loco interfectis propinquis consanguineisque nostris] fore existimatis, si paene in ipsis cadaveribus proelio decertare cogentur? Nolite hos vestro auxilio
10 exspoliare, qui vestrae salutis causa suum periculum neglexerunt, nec stultitia ac temeritate vestra aut animi imbecillitate omnem Galliam prosternere et perpetuae servituti subicere! An, quod ad diem non venerunt, de eorum fide constantiaque dubitatis? Quid ergo? Romanos in illis ulterioribus munitionibus animi-ne causa cotidie exerceri putatis? […]

---

1   https://www.youtube.com/watch?v=wwPH6dRYA1Y.

Quid ergo mei consili est?

15 Facere, quod nostri maiores nequaquam pari bello Cimbrorum Teutonumque fecerunt; qui in oppida compulsi ac simili inopia subacti eorum corporibus, qui aetate ad bellum inutiles videbantur, vitam toleraverunt neque se hostibus tradiderunt. Cuius rei si exemplum non haberemus, tamen libertatis causa institui et posteris prodi pulcherrimum iudicarem.

Nam quid illi simile bello fuit? [Depopulata Gallia] Cimbri [magnaque illata calamitate] finibus quidem
20 nostris aliquando excesserunt atque alias terras petierunt; iura, leges, agros, libertatem nobis reliquerunt.

Romani vero quid petunt aliud aut quid volunt, nisi invidia adducti, quos fama nobiles potentesque bello cognoverunt, horum in agris civitatibusque considere atque his aeternam iniungere servitutem? Neque enim ulla alia condicione bella gesserunt. Quod si ea, quae in longinquis nationibus geruntur,
25 ignoratis, respicite finitimam Galliam, quae in provinciam redacta [iure et legibus commutatis] securibus subiecta perpetua premitur servitute.«

Hinweis: Alle *ablativi absoluti* sind in eckige Klammern gesetzt.

B 1 Genau hingeschaut

B 1.1 Vervollständigen Sie folgende Sätze jeweils durch zwei aussagekräftige lateinische Wendungen:

(a) Critognatus will nicht ....

....

(b) Critognatus will ....

....

B 1.2 Gliedern Sie den Text in zwei Abschnitte. Fassen Sie jeden Abschnitt mit zwei kurzen deutschen Sätzen zusammen.

Abschnitt 1: ....

....

....

Abschnitt 2: ....

....

....

B 2 Ich, wir, ihr

B 2.1 Stellen Sie Verbformen in der 1. Person Singular und Plural sowie in der 2. Person Plural zusammen, ebenso entsprechende Personalpronomina mit ihren Bezugswörtern.

B 2.2 Bestimmen Sie die (geheimen) Botschaften, die Critognatus mit diesen Verbformen seinen Galliern mitteilen will.

Ich	Wir	Ihr
Botschaft: Ich bin	Botschaft: Wir sind	Botschaft: Ihr seid ....

B 2.3 Zeigen Sie, dass
(a) in den Zeilen 9–11 *(Nolite ... subicere)* Klimax und Hyperbaton die Aussage stark hervorheben,
(b) negativ besetzte Wörter vorherrschen. Sammeln Sie diese und erläutern Sie deren Funktion.

(a) ....

(b) ....

B 3 Gegensätze

B 3.1 In der Rede des Critognatus stehen sich *servitus* und *libertas* gegenüber. Unterstreichen Sie im Text entsprechende Passagen.
B 3.2 Erläutern Sie das Schaubild unten.
B 3.3 Definieren Sie *libertas* aus gallischer Sicht.

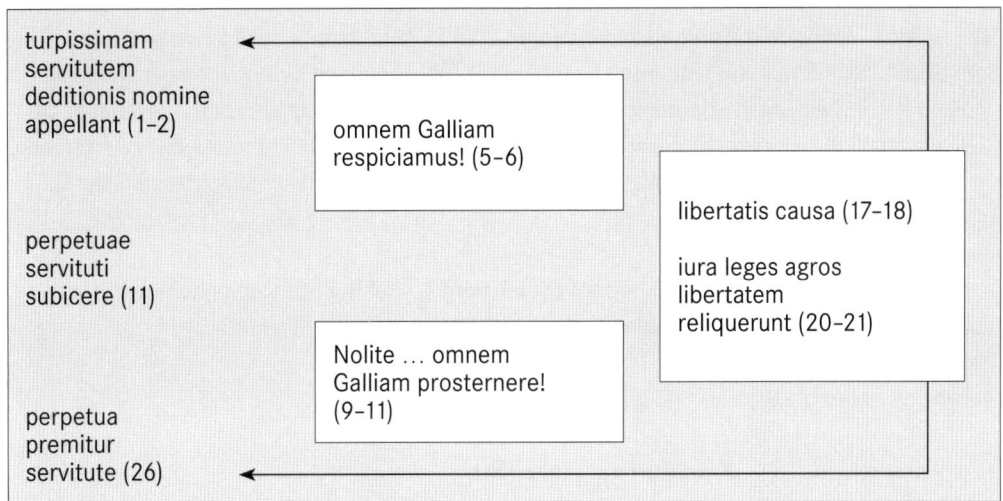

Schaubild nach: Maier, F., Die Freiheit der Feinde, in: Maier F., Caesar im Visier, Auxilia 37, Bamberg 1998, 101

B 3.4 Wie würde ein Römer »Freiheit« definieren? Vergleichen Sie die *gallische* und die *römische* Freiheit bezüglich Gemeinsamkeiten und Unterschieden.

B 4.1 Beschreiben Sie die Stimmungslage in der belagerten Stadt, indem Sie die Aussagen des Critognatus auswerten.

B 4.2 Die Rede des Critognatus wird als Invektive (Schmährede) gegen die römische Herrschaft angesehen. Diskutieren Sie miteinander, aus welchem Grund Caesar diese (vermutlich fiktive Rede) in seinen Bericht eingefügt hat. Nennen Sie auch lateinische Wendungen, aus denen ersichtlich wird, dass Caesar seine Leser manipuliert (… und dass diese ja das »Richtige« denken!).

C Grundwerte des Zusammenlebens

C 1 Wahrheit

C 1.1 Der Philosoph H. G. Frankfurt erklärt das Geschwätz der Gegenwart zum »Bullshit«. In einem Interview mit der ZEIT (ZEIT ONLINE vom 23.02.2006 (Nr. 9) »Schluss mit der Lügerei«) sagt er:

- **Z:** Ist Bullshit das Gegenteil von Wahrheit?
- **F:** Bullshit ist eine Technik, die Wahrheit zu verbergen. […] Es geht darum, dass jemandem, der im System des Bullshit denkt und lebt, irgendwann das Gefühl abhanden kommt, dass er womöglich auch mal die Wahrheit sagen könnte. Insofern ist Bullshit schlimmer als die Lüge – weil dabei die Vorstellung von Wahrheit ganz verschwindet. Bullshit ist ein Weg, ein bestimmtes Ziel zu erreichen. Einen Fernseher zu verkaufen, eine Wahl zu gewinnen, die öffentliche Meinung zu manipulieren. […]
- **Z:** Gibt es Politik ohne Bullshit?
- **F:** Nein, das ist Politik, das ist das Spiel: Jeder Politiker wird so viel Bullshit verwenden, wie er braucht, damit ihn die Menschen wählen. […]
- **Z:** Ist Wahrheit möglich?
- **F:** Auf jeden Fall – aber die Wahrheit ist gefährlich.

(a) Verkürzen Sie die Aussagen von H.G. Frankfurt auf einen Satz.

(b) Beziehen Sie Ihren Satz auf Caesars Wiedergabe bzw. Erfindung der Critognatus-Rede.

....

....

(c) Was ist Caesars Wahrheit in dieser Rede bzw. was will er den Politikern in Rom mitteilen?

....

....

C 1.2 Recherchieren Sie in Ihrer Tageszeitung nach einem Beleg für die These von Frankfurt. Formulieren Sie dann die eigentliche Wahrheit, sofern das möglich ist. Begründen Sie Ihre Auswahl.

C 2 Freiheit über alles

Bearbeiten Sie eine der beiden Aufgaben.

Aufgabe A:
Recherchieren Sie im Internet verschiedene Definitionen von »Freiheit«. Vergleichen Sie diese und erarbeiten Sie Aspekte von »Freiheit«, indem Sie diese in die Oberbegriffe »Freiheit *von* etwas« und »Freiheit *für* etwas« unterteilen.

Aufgabe B:
Stellen Sie eine Reihe von Bildern zusammen, die Google unter *Bilder* zum Begriff »Freiheit« anbietet. Achten Sie darauf, dass die Bilder verschiedene Aspekte von Freiheit darbieten. Stellen Sie die Aspekte unter die Oberbegriffe »Freiheit *von* etwas« und »Freiheit *für* etwas«.

Gemeinsame Aufgabe:
(a) Vergleichen Sie die Aspekte der Definitionen und die der Bilder bezüglich ihrer Aussagen miteinander.
(b) Überprüfen Sie, ob Critognatus' Freiheitsbegriff mit Ihren Erkenntnissen übereinstimmt. Berücksichtigen Sie dabei besonders die Überlegung, wofür Critognatus die Freiheit will. Dazu ist ein Blick in die Geschichte Galliens notwendig *(www.antikefan.de/kulturen/kelten.html)*.

9 Cicero: Die sokratische Wende

A Die Anfänge der Philosophie

(Der Einstieg ist *integraler* Bestandteil der Interpretation)

A	Alles besteht aus Wasser. (Thales)	**B**	Die Weltordnung war, ist und wird ein ewig lebendiges Feuer sein. (Heraklit)
C	Die Seele besteht aus Atomen. (Demokrit)	**D**	Die Zahl ist das Wesen aller Dinge. (Pythagoras)

A 1.1 Bilden Sie vier Gruppen. Jede Gruppe erhält das Zitat *eines* griechischen Naturphilosophen; die Arbeitsaufträge sind für alle Gruppen gleich.

(a) Interpretieren Sie gemeinsam »Ihr« Zitat:

....
....
....
....

(b) Überprüfen Sie anhand eines aktuellen bzw. lebensnahen Beispiels, ob die Idee des Philosophen auch heute noch Gültigkeit besitzt.

Beispiel: ....
....
....
....
....
....
....

A 1.2 Stellen Sie Ihr Zitat, Ihre Deutung und das Alltagsbeispiel dem Plenum vor.

A 1.3 Vergleichen Sie Ihre Sätze untereinander und bestimmen Sie, ob »Ihr« Philosoph einen chemischen Stoff oder ein System als Urstoff der Welt erklärt.

A 2 Informieren Sie sich über die vier vorgestellten Naturphilosophen und entwerfen Sie in Stichworten kleine Steckbriefe.

Thales / Θαλῆς	Heraklit / Ἡράκλειτος
Meine Lebensdaten:	Meine Lebensdaten:
Ort(e) meiner Berufsausübung:	Ort(e) meiner Berufsausübung:
Mein Grundgedanke:	Mein Grundgedanke:
Mein allgemeiner Beitrag für das Denken:	Mein allgemeiner Beitrag für das Denken:
Pythagoras / Πυθαγόρας	**Demokrit / Δημόκριτος**
Meine Lebensdaten:	Meine Lebensdaten:
Ort(e) meiner Berufsausübung:	Ort(e) meiner Berufsausübung:
Mein Grundgedanke:	Mein Grundgedanke:
Mein allgemeiner Beitrag für das Denken:	Mein allgemeiner Beitrag für das Denken:

Die Sokratische Wende[1] (Lückentext)

Über Sokrates (um 470–399 v.) gibt es nur wenige biographische Angaben. Da er selbst keine schriftlichen Aufzeichnungen hinterlassen hat, sind wir auf die Schriften seines Schülers Platon angewiesen, um seine Lehre kennenzulernen. Platon zeigt Sokrates als einen Mann, der in prüfenden Gesprächen den Athenern klar macht, dass sie nur über ein Scheinwissen verfügen. Er ermahnt sie zu einer gerechten, tugendsamen Lebensführung. Er selbst versteht sich nur als Helfer auf dem Weg zur Einsicht, den jeder für sich selbst finden muss.

(1) Socrates videtur primus a rebus occultis et ab ipsa natura involutis, in quibus omnes ante eum philosophi occupati fuerunt, avocavisse philosophiam et ad vitam communem adduxisse, ut de virtutibus et de vitiis omninoque de bonis rebus et malis quaereret, caelestia autem vel procul esse a nostra cognitione censeret vel, si maxime cognita essent, nihil tamen ad bene vivendum.

Sokrates scheint als Erster die Philosophie von _____

_____ Dingen, mit denen alle Philosophen vor ihm beschäftigt gewesen waren,

weggeführt und zum _____ Leben herangeführt zu haben,

(nämlich dadurch,) dass er über die Tugenden und Laster und gänzlich über die guten und schlechten Dinge

Fragen stellte, aber glaubte, dass die himmlischen Dinge entweder _____

_____, oder, wenn sie gänzlich

bekannt wären, dennoch _____

_____ würden.

5 (2) Hic in omnibus fere sermonibus, qui ab iis, qui illum audierunt, perscripti varie copioseque sunt, ita disputat, ut nihil affirmet ipse, refellat alios, nihil se scire dicat nisi id ipsum, eoque praestare ceteris, quod illi [ea], quae nesciant, scire se putent, ipse se nihil scire id unum sciat, ob eamque rem se arbitrari ab Apolline omnium sapientissimum esse dictum, quod haec esset una hommis sapientia, non arbitrari sese scire, quod nesciat.

Dieser argumentiert in fast allen Reden, die von denjenigen seinen Hörern verschiedentlich und ausführlich

niedergeschrieben worden sind, so, dass er selbst _____

_____, die anderen _____

_____, sagt, dass er nichts weiß, eben dieses und dadurch den anderen vor-

anstehe, dass jene glauben, dass sie wissen, was _____, dass er selbst [aber]

dieses Einzige wisse, [nämlich] dass er nichts weiß, und aus diesem Grund glaube er, dass er von Apollo der

Weiseste von allen genannt worden ist, weil dies die _____

_____ sei, nicht zu glauben, dass er weiß, was er nicht weiß.

---

[1] Einleitung zum Text wurde (leicht gekürzt) aus Buchners Lesebuch Latein, Ausgabe A2, Bamberg, 112 entnommen.

(3) Quae cum diceret constanter et in ea sententia permaneret, omnis eius oratio tantum in virtute laudanda et in hominibus ad virtutis studium cohortandis consumebatur, ut e Socraticorum libris maximeque Platonis intellegi potest.

Weil er dies beständig sagte und bei dieser Ansicht verharrte, wurde seine ganze Rede so sehr ....

..

..

eingenommen, wie es aus den Büchern der Sokratiker und am meisten des Platon erkannt werden kann.

B Aussagen des Textes

B 1 Die Quintessenz

B 1.1 Schließen Sie die Lücken in der Übersetzung.

B 1.2 Der Text besteht aus drei langen und komplexen Sätzen. Unterstreichen Sie in jedem Satz lateinische Wendungen, die Sie für wichtig halten. Entwickeln Sie aus diesen Zitaten jeweils eine zusammenfassende deutsche Überschrift.

Überschriften
Satz 1:
Satz 2:
Satz 3:

B 1.3 Untersuchen Sie, ob stilistische Besonderheiten »Ihre« Wendungen hervorheben. Beschreiben Sie deren Wirkung auf die Hörer/Leser.

Stilistische Besonderheiten

B 2 Vorher – nachher

B 2.1 Die Überschrift über den Text enthält das Wort »Wende«. Was verstehen Sie unter diesem Begriff? Sammeln Sie verschiedene Bedeutungsbereiche:

....

....

B 2.2 Beschreiben Sie auf der Grundlage des Textes die thematischen Unterschiede zwischen den Philosophen *vor* Sokrates und Sokrates:

Naturphilosophen: ....

....

Sokrates: ....

....

B 2.3 Arbeiten Sie heraus, wie Cicero Sokrates' Abwendung der Naturphilosophie sprachlich gestaltet.

B 2.4 Leider vergaß Sokrates, dass die Naturphilosophen ihre Augen nicht nur gen Himmel richteten. Von ihnen sind auch andere Zitate überliefert, die beweisen, dass sie gar nicht so weit von Sokrates bzw. den Menschen entfernt waren.

Bilden Sie wieder die Gruppen aus A. Lesen Sie die folgenden *sententiae* und drücken Sie diese in eigenen Worten aus. Belegen Sie den Spruch durch ein aktuelles Beispiel.

Thales: *Erkenne dich selbst!* (Der Ausspruch könnte auch von Solon stammen.)

Pythagoras: *Wer Freude vervielfachen will, muss sie teilen.*

Heraklit: *Der Charakter des Menschen ist sein Schicksal.*

Demokrit: *Die Wahrheit liegt in der Tiefe.*

B 3 Wie eine Hebamme?

B 3.1 Textstelle: Z. 6: *nihil se scire dicat* – Z. 7: *quae nesciant, scire se putent*.
Beschreiben und kommentieren Sie, worin sich Sokrates den anderen Menschen als überlegen ansieht.

....

....

....

....

B 3.2 Stellen Sie aus dem zweiten Abschnitt des Textes lateinische Verben des Meinens, Wissens und Sagens zusammen. Zeigen Sie, wie mit Hilfe dieser Verben die Lehrmethode des Sokrates verdeutlicht wird. Sie wird übrigens »Hebammenkunst« (Mäeutik) genannt.

Verben des Meinens, Wissens und Sagens:

Lehrmethode des Sokrates:

B 3.3 Diskutieren Sie in der Gruppe, wie Sie selbst mit einem Menschen umgehen würden, der Ihnen wie Sokrates Ihre Unwissenheit vor Augen führt.

B 3.4 »Wer nicht fragt, der nicht gewinnt«. Dieser Slogan gilt als *die* Methode der Marktforschung. Stellen Sie Vermutungen an, ob Sokrates dieser Verwendung seiner Methode zustimmen würde.

C Quid ad me?

C 1 Meine Tugenden

C 1.1 Beschreiben Sie, was Sie unter *virtus* verstehen.

....

....

C 1.2 Wenn Sie diesen »altmodischen« Begriff durch einen modernen ersetzen wollen: Welche Werte (Plural!) würden Sie dafür einsetzen? Prüfen Sie dabei, ob in Ihrem künftigen Leben als Erwachsene/r *virtus* bzw. diese Werte eine wichtige Rolle spielen sollen.

Meine Werte:

C 2 Tugenden für das moderne Leben

Im Internet kann man folgenden Text finden: »Tugenden. Das klingt fast anachronistisch. Wir glauben, dass sie trotzdem wichtig sind. In unserer ›normalen‹ Arbeit [...] haben wir oft die Erfahrung gemacht, dass Unternehmen, Teams und Menschen zwar über Werte sprechen, aber selten über die Tugenden, die man braucht, um diese Werte zu verwirklichen. Stattdessen reden wir über Prozesse, Methoden, etc., als ob dieses [...] unsere eigene Beteiligung ersetzen könnte. Wir delegieren Tugend auch gern an Institutionen wie unseren Arbeitgeber, die Politik oder die UNO, wollen aber selbst davon unbehelligt bleiben. Dabei übersehen wir, dass Tugenden nicht dem moralischen Zeigefinger entspringen, sondern der historisch eingebetteten Erfahrung, dass es Verhaltensweisen gibt, die sich bewährt haben [...]. Indem wir Tugenden in das Reich einer oppressiven[2] Moral verweisen, verweigern wir uns einen wichtigen Faktor für ein zufriedenes Leben«[3].

---

2 oppressiv: (die Menschen) unterdrückend.
3 humanist.lab.com, Stichwort Tugenden (Zugriff: 07/2016).

C 2.1 Fassen Sie diesen Text knapp zusammen und entwickeln Sie aus seiner Aussage einen Appell (an die Menschen):

....

....

C 2.2 Alain de Botton, Philosoph und Gründer der *School of Life* in London, hat zehn Tugenden für das moderne Leben entwickelt[4]. Diese sind:

Empathie – Resilienz[5] – Geduld –
Opferbereitschaft – Höflichkeit –
Humor – Selbstwahrnehmung – Vergeben –
Hoffnung – Selbstvertrauen

(a) Bilden Sie kleine Gruppen und wählen Sie jeweils eine Tugend für die Gruppenarbeit aus.
(b) Definieren Sie den Begriff.
(c) Wenden Sie ihn in einer Alltagssituation an.
(d) Legen Sie sich fest: Kann der Begriff in Ihren Augen als Tugend verstanden werden?
(e) Fügen Sie noch einen weiteren Begriff hinzu, der Ihnen wichtig erscheint. Ziel der Aufgabe ist, den Kanon zu erweitern.

---

4 Quelle: siehe Fußnote 3.
5 Resilienz: psychische Widerstandsfähigkeit.

10 Seneca: Ursachen des Zorns

A Affekte & Co.

Der griechische Philosoph Aristoteles lehrt, dass der Mensch von drei Affekten (mechanischen Seelenbewegungen) beeinflusst wird: von Lust, Unlust und Leid. Von diesen Haupttriebkräften leitet er weitere Affekte ab: Begierde, Zorn, Furcht, Mut, Neid, Freude, Liebe, Hass, Sehnsucht, Eifersucht, Mitleid.

A1 Bilden Sie drei Gruppen, wählen Sie aus den genannten Affekten je einen Begriff aus und stellen Sie ihn pantomimisch dar. Bewerten Sie als Zuschauer die Darstellung: Durch welche Bewegung, Haltung, Geste oder welchen Gesichtsausdruck wurde der Begriff deutlich?

A2 Können Sie sich »Heilmittel« gegen negative Affekte, z. B. gegen den Neid, vorstellen? Diskutieren Sie kurz über diese Frage.

A3 Welcher Affekt hat Ihrer Meinung nach auf das Zusammenleben der Menschen besonders negative Auswirkungen? Begründen Sie Ihre Entscheidung.

> Auf Bitten seines Bruders L. Annaeus Novatus verfasst Seneca den Lehrbrief *de ira*. Im zweiten Buch des Werkes spricht er über Möglichkeiten, das Entstehen von Zorn und Aggression in sich selbst zu bekämpfen: Zuerst müsse man aber Ursachenforschung betreiben …
>
> 1 Contra primas causas [iracundiae] pugnare debemus. Causa autem […]
> opinio iniuriae est, cui non facile credendum est. Ne apertis quidem
> 3 manifestisque [rebus] statim accedendum. Quaedam enim falsa veri
> speciem ferunt. Dandum semper est tempus: veritatem dies aperit. Ne
> 5 sint aures criminantibus faciles! Hoc humanae naturae vitium suspectum
> notumque nobis sit: quod, quae inviti audimus, libenter credimus et,
> 7 antequam iudicemus, irascimur. Non criminationibus, tantum sed
> suspicionibus inpellimur et ex vultu risuque alieno peiora interpretati
> 9 innocentibus irascimur. Itaque agenda est contra se causa absentis et in
> suspenso ira retinenda. Potest enim poena dilata exigi, non potest exacta
> revocari.
>
> (1) Die Ursachen für unseren Zorn müssen wir schon in der Entstehung bekämpfen; Ursache aber ist die Vorstellung [erlittenen] Unrechts, der man nicht gleich Glauben schenken soll. (3) Auch wenn die Umstände eindeutig und klar sind, soll man nicht sofort beipflichten; denn manches Falsche zeigt den Anschein von Wahrheit. Man muss sich Zeit lassen. Die Zeit bringt die Wahrheit an das Licht. (5) Allen Beschuldigungen gegenüber soll man seine Ohren verschließen. *Diesen* Charakterfehler der menschlichen Natur müssen wir kennen und uns vor ihm hüten: Wir glauben bereitwillig, was wir mit Unwillen hören, und wir zürnen, (7) bevor wir uns ein klares Urteil gebildet haben. Wir lassen uns dazu nicht nur durch Anschuldigungen verleiten, sondern schon durch einen unbegründeten Verdacht, und wir zürnen unschuldigen Menschen, weil wir aus ihrer Miene oder ihrem Lachen allzu Schlechtes gelesen haben. (9) Man soll daher einen Abwesenden gegen sich selbst verteidigen und den Zorn vorläufig zurückhalten; eine aufgeschobene Bestrafung kann immer nachgeholt, aber eine vollzogene kann nicht ungeschehen gemacht werden. (Übersetzung: W. Schumacher (1942)/überarbeitete und leicht veränderte Übersetzung)

B 1 Was im Text ausgesagt wird

B 1.1 Beantworten Sie folgende Fragen mit lateinischen Wendungen:

(a) Woraus entwickelt sich Zorn?

....

....

(b) Was machen zornige Menschen falsch?

....

....

(c) Wofür braucht man Zeit?

....

....

(d) Welchen charakterlichen Mangel haben alle Menschen?

....

....

B 1.2 Fassen Sie alle Wendungen jeweils in einem kurzen Satz zusammen.

....

....

B 1.3 Skizzieren Sie kurz Senecas Menschenbild, so wie es aus *diesen* Wendungen hervorgeht.

....

....

....

....

B 2 Was Seneca fordert

B 2.1 Sammeln Sie lateinische Wendungen der Paränese:

....

....

....

B 2.2 Formulieren Sie auf deren Grundlage drei Forderungen, die Seneca an einen Menschen stellt, der kurz davor ist, seinen angestauten Aggressionen freien Lauf zu lassen.

....
....
....

B 2.3 *Ja* oder *nein*: Könnten Sie Senecas Forderungen für sich selbst akzeptieren? (Blitzlicht)

B 3 Wie man Zorn verhindert

B 3.1 Seneca verknüpft seine Ratschläge andeutungsweise mit einer Metapher, die eine Gerichtsverhandlung suggeriert. Erläutern Sie den unausgesprochenen Vergleich.

....
....
....

B 3.2 Entwickeln Sie ein lateinisches Sachfeld zur Situation: Vor Gericht.

....
....
....
....

C 4 Was andere zum Zorn meinen

»Zorn muss sich zeigen, […] Zorn drückt sich aus. Im Zorn meldet sich ein tatsächliches oder vermeintliches Recht, der Anmaßung oder dem Übergriff durch Dritte zu begegnen. […] Die Zornigen schießen gerne über das Ziel hinaus. Darin liegt die Plage nicht nur für ihre Mitmenschen, die jederzeit mit einem Ausbruch rechnen müssen. Die Reizbarkeit der ständig Aufgebrachten wird auch für sie selbst zu einem Fluch …« (Seel, M.: 111 Tugenden, Frankfurt 2012, 73)

C 4.1 Erläutern Sie, in welchen Punkten Seneca und Seel übereinstimmen und in welchen sie sich unterscheiden.

Gemeinsamkeiten	Unterschiede

C 4.2 Nehmen Sie Stellung zum letzten Satz des Zitats.

....
....

C 5 Was junge Menschen zornig macht (eventuell Hausaufgabe)

Bilden Sie zwei Gruppen und bearbeiten Sie jeweils eine der Aufgaben:

Gruppe A:
Stellen Sie beim Betrachten des Filmes Gründe zusammen, die für die im Film gezeigten jungen Männer Auslöser gewesen sein könnten, so aggressiv zu werden und andere zu verletzen. Ordnen Sie diese Punkte in einer Mindmap an. (Videoclip:www.br.de/mediathek/video/sendungen/dokumentarfilm/der-zorn-junger-männer-136.html, Zugriff: 07/2016)

Gruppe B:
Gab es in Ihrem Leben Situationen, in denen Sie selbst zornig waren? Versuchen Sie, den jeweiligen Anlass des Zornes herauszufinden. Notieren Sie die Anlässe ohne Namensnennung.

....
....
....

Vergleichen Sie die Ergebnisse beider Gruppen und diskutieren Sie darüber, welche (individuellen und gesellschaftlichen) Faktoren zu den verschiedenen Anlässen für Zorn geführt haben.

C 6 Was den Zorn auflösen könnte

Die Goldene Regel ist eine genial einfache Faustregel, wie man moralisch richtig handeln kann. In ihr geht es um einen Austausch zwischen den Menschen: »Was du nicht willst, dass man dir tu, das füg auch keinem andern zu.« Wie soll man sich also verhalten, um den eigenen Zorn aufzulösen?

Um den eigenen Zorn in den Griff zu bekommen, rät Seneca, man solle sich Zeit lassen, bis die Wahrheit in der betreffenden Angelegenheit, die den Zorn entfachte, ans Licht komme.

Schreiben Sie eine kurze Mail an Seneca, in der Sie ihm mit Hilfe der Goldenen Regel einen *besseren* Vorschlag machen.

Abb. 14: Waage

11 Seneca: Das Alter

A Assoziationen zum Alter

A1 Notieren Sie auf Post-Its Begriffe, die Sie mit dem Alter verbinden (einen Begriff pro Zettel). Heften Sie Ihre Begriffe an eine Wand und ordnen Sie sie gemeinsam nach Oberbegriffen.

A 2.1 Betrachten Sie die Bilder unten. Vergleichen Sie dann Ihre Assoziationen mit den Eindrücken, die Ihnen die Bilder vermitteln.

A 2.2 Schreiben Sie eine kurze Definition des Begriffes »Alter«.

....
....
....
....
....
....

Abb. 15: Alte Frau

Abb. 16: Altes Paar beim Sport

Seneca besucht sein Landgut, um nach dem Rechten zu sehen. Sein Verwalter steht ihm Rede und Antwort.

1 Quocumque me verti, argumenta senectutis meae video. Veneram in
suburbanum meum et querebar de impensis aedificii dilabentis. Ait
3 vilicus mihi non esse neglegentiae suae vitium, omnia se facere, sed
villam veterem esse. Haec villa inter manus meas crevit: quid mihi
5 futurum est, si tam putria sunt aetatis meae saxa? Iratus illi
proximam occasionem stomachandi arripio. »Apparet« inquam »has
7 platanos neglegi: nullas habent frondes. Quam nodosi sunt et retorridi
rami, quam tristes et squalidi trunci! Hoc non accideret si quis has
9 circumfoderet, si irrigaret.« Iurat per genium meum se omnia facere, in
nulla re cessare curam suam, sed illas vetulas esse. Quod intra nos sit,
11 ego illas posueram, ego illarum primum videram folium. Conversus
ad ianuam »Quis est iste?« inquam »iste decrepitus et merito ad ostium
13 admotus? foras enim spectat. Unde istunc nanctus es? Quid te
delectavit alienum mortuum tollere?« At ille »non cognoscis me?«
15 inquit: »Ego sum Felicio, cui solebas sigillaria afferre; ego sum
Philositi vilici filius, deliciolum tuum.« »Perfecte«, inquam, »iste
17 delirat: pupulus, etiam delicium meum factus est. Prorsus potest fieri:
dentes illi cum maxime cadunt.«
19 Debeo hoc suburbano meo, quod mihi senectus mea, quocumque
adverteram, apparuit. Complectamur illam et amemus; plena est
21 voluptatis, si illa scias uti.

(1) Wohin ich mich auch wende, überall sehe ich Beweise meines Alters. Ich war auf mein Landgut gekommen und beklagte mich über die Kosten des baufälligen Gutshauses. Der Verwalter erklärte mir, daran sei nicht etwa seine Nachlässigkeit schuld, er tue alles, aber das Landhaus sei alt. Dieses Haus ist unter meinen Händen gewachsen (erbaut worden)! Wie wird meine Zukunft sein, wenn Steine meines Alters morsch sind? (5) In gereizter Stimmung ergreife ich den nächsten Anlass zu grollen: »Es scheint«, sage ich, »dass diese Platanen nicht gepflegt werden: sie haben kein Laub. Wie knotig und dürr sind die Äste, wie verkümmert und schuppig die Stämme! Dies würde nicht geschehen, wenn jemand den Boden ringsum lockern und bewässern würde«. Er schwört bei meinem Schutzgeist, er tue alles, lasse es in keinem Stücke an der nötigen Sorgfalt fehlen, aber die Platanen seien alt. (10) Unter uns gesagt, ich selbst hatte sie gepflanzt, ich selbst hatte ihr erstes Laub gesehen. Ich wende mich nun der Tür zu und frage: »Wer ist der da, dieser verlebte Typ, der mit Recht seinen Platz am Eingang hat? Er blickt schon hinaus (zum Grab). Wo hast du ihn gefunden? Warum macht es dir Spaß, eine fremde Leiche zu entsorgen?« Da rief jener: »Kennst du mich nicht? Ich bin Felicio, dem du gewöhnlich Figürchen mitbrachtest. Ich bin der Sohn deines Verwalters Philositus, dein Liebling«. »Der spinnt total«, sagte ich, »war er [denn nicht] ein kleiner Junge, als er mein Liebling geworden. Durchaus kann das geschehen: er verliert gerade seine Zähne.«

Ich muss meinem Landgut dankbar sein, es hat mir, wohin ich auch die Blicke richtete, mein hohes Alter zum Bewusstsein gebracht. Nehmen wir es also freudig hin und schenken ihm unsere Liebe; es bietet eine Fülle von Genuss, wenn man es nur zu nutzen versteht.

B Textbeobachtungen

B 1 Die Realität

B 1.1 Füllen Sie folgende Tabelle mit lateinischen Wendungen, die zu den drei Stichworten passen.

Senecas Stimmung	Anlass für seine Stimmung	Reaktion/Verhalten des Gesprächspartners

B 1.2 Untersuchen Sie, ob in den Zitaten eine Klimax zu erkennen ist. Begründen Sie Ihre Meinung, Spalte für Spalte.

Spalte 1: ....

Spalte 2: ....

Spalte 3: ....

B 1.3 Beschreiben Sie Senecas emotionale Entwicklung, indem Sie Ihre Überlegungen zur Klimax berücksichtigen.

....

....

....

....

B 2 Nebenbei gesagt

B 2.1 Notieren Sie untereinander die lateinischen Sätze, die jeweils die kurzen Szenen abschließen.

....

....

....

B 2.2 Bestimmen Sie, was die gemeinsame Aussage der Sätze ist.

....

B 2.3 Stellen Sie Vermutungen an, was der fiktive Empfänger des Briefes diesen Sätzen entnehmen soll.

....

....

C Quid ad nos?

C 1 Die Szene

C 1.1 Bilden Sie drei Gruppen (A-B-C; Gruppe A spielt die erste Szene usw.). Entwickeln Sie jeweils eine kurze Spielszene.

C 1.2 Schildern Sie, was Ihnen durch das Spiel deutlich(er) geworden ist.

C 2 Konsequenzen

C 2.1 Fügen Sie diese Gedankenblase an die Aussage *complectamur illam et amemus* (Z. 20) und füllen Sie sie mit eigenen Ansichten über das Alter:

Complectamur illam [senectutem] et amemus.

C 2.2 Notieren Sie Ihre Ansichten auch auf einen (neutralen) Zettel, werfen Sie ihn in eine Box. Bestimmen Sie eine Person, die drei Zettel zieht und diese vorliest. Diskutieren Sie im Plenum über die Aussagen der drei Botschaften.

C 3 Aspekte des Alters

Erarbeiten Sie eine der drei Aufgaben.

> **Aufgabe 1:**
> In der Lehre der Stoa gibt es zwei Lebensprinzipien:
> Das eine Prinzip lautet: *secundum naturam vivere,* das andere verlangt, dass der Mensch seine Affekte beherrschen müsse.
> Affekte sind »übersteigerte Emotionen«, die aufgrund falscher Urteile des Verstandes zustande kommen.
> Beispiel: Ein gesunder Mensch hat panische Angst vor Krankheiten.
> Wenden Sie beide stoischen Prinzipien auf die Situation an, die der Text schildert.

> **Aufgabe 2:**
> Eine Reporterin verkleidet sich als alte Frau und geht mit Stock und vollem Einkaufswagen zur Kasse eines Supermarktes. Da drängelt sich jemand vor: »Kann ich das mal eben schnell bezahlen?«, fragte die Person mit einem Seitenblick auf die Reporterin. Und der Blick sagt: »Bis du so weit bist, Oma, bin ich hier schon verschimmelt!« Vergleichen Sie den letzten Satz des lateinischen Textes *(debeo hoc suburbano meo …)* mit der kurzen Szene.
> Beschreiben Sie beide Positionen und sammeln Sie Argumente für eine Haltung zum Alter, die Ihnen einleuchtender erscheint als die der drängelnden Person.

> **Aufgabe 3:**
> Entwerfen Sie unter dem Aspekt: »Man wird schneller älter, als man denkt!« ein Plakat, auf dem für eine bestimmte Rentenversicherung geworben wird.

12 Ovid: Schönheitsoperationen

A Schönheitsoperationen

A1 Notieren Sie – nur für sich selbst – in wenigen Worten Ihre persönliche Einstellung zu Schönheitsoperationen. Würden Sie selbst dem modernen Trend zu solchen Operationen folgen? (Eine allgemeine Besprechung dieser Aufgabe wird es nicht geben.)
Meine Meinung:

....

....

....

A2 Lesen Sie den folgenden Artikel und beschreiben Sie Risiken solcher Operationen, persönliche und gesellschaftliche.

Die Vermessung der Schönheit: Die Anzahl der Frauen [Ergänzung: und Männer], die Beauty-Techniken vom Chirurgen in Anspruch nehmen, wächst ständig. Injektionen mit Botox, chemisches Peeling, Fettabsaugen mit Ultraschall: Neue und bewährte Techniken aus der Schönheitsmedizin versprechen jugendliche Konturen und sollen schlank machen. Doch die Eingriffe sind nicht ohne Risiken.

Die Palette der minimal-invasiven Methoden in der ästhetischen Medizin ist groß – und beliebt. Rund 300 000 Behandlungen pro Jahr finden statt, lautet die Schätzung der Deutschen Gesellschaft für Ästhetisch-Plastische Chirurgie, davon am häufigsten Botoxbehandlungen und Faltenunterspritzungen. Größere Eingriffe wie Fettabsaugen liegen gleich auf, gefolgt von Hals-, Stirn- und Lippenkorrekturen. (Quelle: Focus vom 06.08.2013, Wie die Beauty-Medizin strafft, hebt, glättet. Autorin: Monika Preuk)

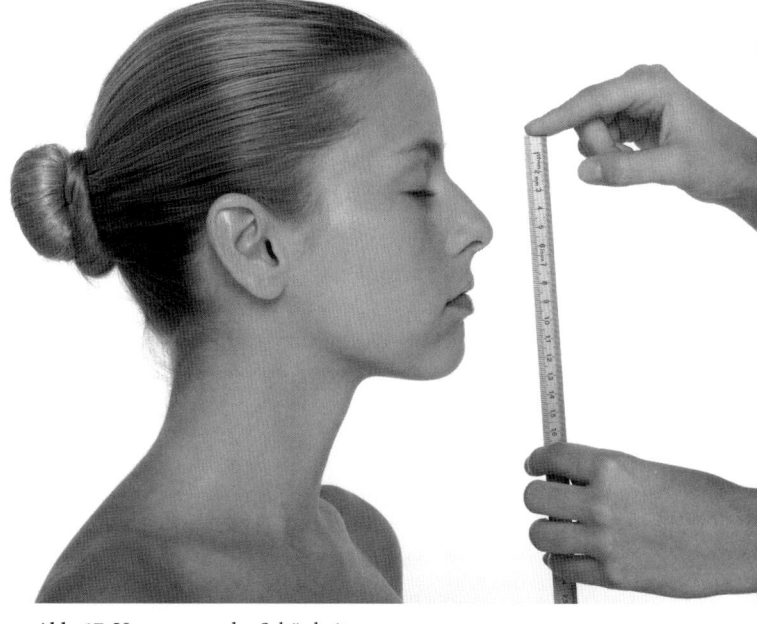

Abb. 17: Vermessung der Schönheit

Persönliche Risiken:

Gesellschaftliche Risiken:

A3 Stellen Sie gemeinsam mit Mitschülern Vermutungen darüber an, ob es in der Antike bereits Operationen zur Verschönerung des Körpers oder des Gesichts gegeben haben könnte. Wenn ja, welche waren eventuell möglich?

Schönheitsoperationen

1 Parcite praecipue vitia exprobrare puellis,
　utile quae multis dissimulasse fuit. [...]
3 Quod male fers, adsuesce, feres bene. Multa vetustus
　leniet, incipiens omnia sentit amor.
5 Dum novus in viridi coalescit cortice ramus,
　concutiat tenerum quaelibet aura, cadet:
7 Mox eadem ventis, spatio durata, resistet,
　firmaque adoptivas arbor habebit opes.
9 Eximit ipsa dies omnes e corpore mendas,
　quodque fuit vitium, desinit esse mora. [...]
11 Nominibus mollire licet mala: fusca vocetur,
　nigrior Illyrica cui pice sanguis erit;
13 si paeta, sit Veneri similis: si rava, Minervae:
　sit gracilis, macie quae male viva sua est;
15 dic habilem, quaecumque brevis, quae turgida, plenam,
　et lateat vitium proximitate boni.

(1) Hütet euch besonders davor, den Mädchen Fehler vorzuwerfen; vielen [*erg.* Männern] hat es etwas gebracht, diese zu übersehen.
(3) Gewöhne dich an das, was du nur schwer erträgst, du wirst es dann gut ertragen: Eine alte Liebe wird vieles lindern, nur die junge Liebe bemerkt alles.
(5) Solange ein junges Blatt an der grünen Rinde wächst, mag ein beliebiger Lufthauch das zarte Blatt abschütteln, es wird fallen:
(7) Bald aber, wenn es durch Winde und Zeit gehärtet ist, wird es widerstandsfähig sein und ein starker Baum wird seinen großen Reichtum festhalten.
(9) Die Zeit selbst nimmt vom Körper alle Fehler weg, und was ein Mangel gewesen ist, hört auf ein Hindernis zu sein.
(11) Es steht uns frei, die Übel mit Bezeichnungen zu mildern: »Dunkel« soll eine genannt werden, die Blut hat schwärzer als illyrisches Pech;
(13) wenn eine andere schielt, sei sie der Venus gleich; wenn sie graue Augen hat, dann der Minerva: eine, die wegen ihre Magerkeit kaum leben kann, sei »schlank«;
(15) nenne jene »handlich«, die klein ist, vollschlank eine »fettleibige«.
So soll jeglicher Fehler unter dem nächstliegenden guten Namen verborgen sein.

B Schönheit – überbewertet?

B 1.1 Stellen Sie folgende lateinische Verbformen zusammen:

Imperative (ausgenommen: *dic*, 15):

....

Formen im Futur (ausgenommen: *sanguis eris*, 12):

....

....

Konjunktiv Präsens (ausgenommen: *concutiat*, 6):

....

B 1.2 Gliedern Sie den Text nach diesen Vorgaben, geben Sie jedem Abschnitt eine Überschrift, in der sich die jeweils charakteristischen Verbformen wiederfinden.

Zeilenangabe	Überschrift
Abschnitt 1:	
Abschnitt 2:	
Abschnitt 3:	

B 1.3 Vergleichen Sie untereinander »Ihre« Überschriften und diskutieren Sie über die verschiedenen Varianten.

B 2.1 Analysieren Sie das Gleichnis (vv. 5–8): Beschreiben Sie die Sach- und die Bildebene.

Sachebene: ....

....

Bildebene: ....

....

B 2.2 Überprüfen Sie, ob bestimmte Stilmittel einzelne Aspekte des Vergleichs besonders hervorheben.

....

....

....

B 3.1 Ordnen Sie die Verse 11B-15 so an, dass die Reihenfolge von Haupt- und Gliedsätzen immer dieselbe ist. Übersetzen Sie dann die Verse in der geordneten Form.

.... , ...

.... , ...

.... , ...

.... , ...

.... , ...

12 Ovid: Schönheitsoperationen | 65

B 3.2 Welche Anordnung gefällt Ihnen besser, die geordnete oder die des Ovid? Begründen Sie Ihre Meinung.

B 3.3 Stellen Sie Überlegungen an, was der Dichter durch die komplizierte Anordnung der Teilsätze gewinnt bzw. aussagen will.

B 3.4 Benennen Sie Stilmittel, die die Aussagen in diesen Teilsätzen noch weiter verkomplizieren.

C Schönheit um jeden Preis?

C 1 Übertragen Sie das Verfahren der Umbenennung auf eine andere Perspektive: Was könnten Fehler eines Mannes sein, die umbenannt werden müssten? Mit welchen Bezeichnungen könnten Frauen die Fehler beschönigen? Erfinden Sie solche Namen.

Fehler eines Mannes	Beschönigende Bezeichnung

C 2.1 In unseren Zeiten bedient sich auch die Werbebranche des Mittels der Schönrederei. Recherchieren Sie und sammeln Sie aussagekräftige Beispiele dafür.

Werbeslogan	Aussage	Wahrheit

C 2.2 Diskutieren Sie miteinander über die Frage, ob im Bereich zwischenmenschlicher Beziehungen in jeder Situation uneingeschränkt eine Pflicht zur Wahrheit bestehen müsste (oder besser nicht).

C 3.1 Zurück zum Einstieg: Klären Sie untereinander, wie der Titel »Schönheitsoperationen« zu verstehen ist. Bestimmen Sie auch den Körperteil (bei Mann oder Frau?), an dem nach Ovid die Operation vorgenommen werden müsste.

C 3.2 Unabhängig von der Interpretation des Titels (der übrigens nicht von Ovid stammt) erhebt sich die Frage, wie hoch der Stellenwert des Aussehens in einer Beziehung sein soll.
Entwickeln Sie Pro- und Contra-Argumente für einen hohen Stellenwert und führen Sie diese Diskussion.

Hoher Stellenwert des Aussehens	
Pro	Contra

13 Vergil: Aeneas verlässt Dido

A Unerwartete Botschaft

> Hi, sorry, ich mag nicht mehr –
> es ist aus – habe andere Pläne –
> Diskussion überflüssig.
> P.

Stellen Sie sich vor, diese Mail hätten Sie gestern spät am Abend erhalten. Oder Ihre Freundin/Ihr Freund hätte diese Mail von der Partnerin/dem Partner erhalten und suchte jetzt ganz aufgelöst bei Ihnen Rat und Unterstützung. Wählen Sie sich eine Situation aus und beschreiben Sie, welche Gefühle Sie bzw. Ihre Freundin/Ihren Freund seither quälen könnten?

A 1 Nennen Sie deutsch Empfindungen, die Sie bzw. Ihre Freundin/Ihr Freund – bezogen auf sich selbst *und* auf P. – entwickeln. »Notieren« Sie diese als *(ernst zu verstehende)* Emoticons in den Kasten.

A 2 Wie könnten Sie bzw. Ihre Freundin/Ihr Freund reagieren? Sammeln Sie verschiedene Reaktionsmöglichkeiten und deren Konsequenzen für sich bzw. Ihre Freundin/Ihren Freund und die (ehemals) geliebte Person.

Was empfinde ich?/Was empfinden Freundin oder Freund?

Wie reagiere ich?/Was empfinden Freundin oder Freund?

At regina dolos (quis fallere possit amantem?)
praesensit, motusque excepit prima futuros
omnia tuta timens. Eadem impia Fama furenti
detulit armari classem cursumque parari.
300 Saevit inops animi totamque incensa per urbem
bacchatur [...]
Tandem his Aenean compellat vocibus ultro:
305 »dissimulare etiam sperasti, perfide, tantum
posse nefas tacitusque mea decedere terra?
Nec te noster amor nec te data dextera quondam
nec moritura tenet crudeli funere Dido?
Quin etiam hiberno moliri sidere classem
310 et mediis properas Aquilonibus ire per altum,
crudelis? Quid, si non arva aliena domosque
ignotas peteres, et Troia antiqua maneret,
Troia per undosum peteretur classibus aequor?
Mene fugis? Per ego has lacrimas dextramque tuam te
315 (quando aliud mihi iam miserae nihil ipsa reliqui),
per conubia nostra, per inceptos hymenaeos,
si bene quid de te merui, fuit aut tibi quicquam
dulce meum, miserere domus labentis et istam,
319 oro, si quis adhuc precibus locus, exue mentem!«
[...]
Dixerat. Ille Iovis monitis immota tenebat
lumina et obnixus curam sub corde premebat.

Aber die Königin spürte – wer könnte die Liebende täuschen? –
längst die List und vernahm als Erste den kommenden Wandel,
war ja schon immer voll Angst. Der Rasenden meldet
wieder die ruchlose Fama, man rüste die Flotte zur Abfahrt.
(300) Sinnlos tobt sie und rast voll Zorn überall durch die Stadt.
Endlich spricht sie von sich aus Aeneas an:
(305) »Auch noch verbergen zu können erhofftest du, Treuloser, solchen
Frevel und ganz in der Stille aus meinem Lande zu weichen?
Hält meine Liebe dich nicht, die Hand nicht, einst mir gegeben?
Hält nicht Didos Tod dich zurück, der grausam bevorsteht?
(310) Selbst unterm Wintergestirn treibst du zur Fahrt deine Flotte,
eilst, mitten im Nordsturm hin über Meere zu segeln,
Grausamer? Wenn du nicht fremdes Land und nie gekannte
Heimstatt suchtest, wenn uralt immer noch ragte dein Troja,
würdest du wohl nach Troja segeln durch das wogende Meer?
Fliehst du denn mich? O, sieh diese Tränen, denk deiner Rechten
(315) (denn nichts anderes hab ich Arme mir selbst noch gelassen),
denk des gemeinsamen Bundes, des Anfangs unsrer Vermählung,
macht ich nur irgend um dich mich verdient, ward irgend nur Liebes
dir von mir, so erbarme dich doch des gefährdeten Hauses,
(319) leg doch, bitte ich, wenn Bitten noch Sinn hat, ab diesen Starrsinn.«
Aber Aeneas, gemahnt von Jupiter, stand dort starren
Blickes und hielt gewaltsam den Gram im Herzen verborgen.

(Übersetzung: Johannes Götte [leicht an gängiges Deutsch angepasst])

B Botschaften des Textes

B 1 Botschaften verstehen

B 1.1 Markieren Sie im Text Wörter bzw. Wortverbindungen, die Didos Gefühle ausdrücken.
B 1.2 Arbeiten Sie heraus,
(a) welche Gefühle Dido beherrschen und
(b) ob ihre Gefühle sich in irgendeiner Weise verändern.

Didos Emotionen:

B 1.3 Stellen Sie die Verzweiflung der Dido dar: mit eigenen Worten, durch eine Zeichnung oder durch ein passendes Lied (Beispiel: Mark Foster, Bauch und Kopf).

B 2 Opfer und Täter

B 2.1 Sammeln Sie lateinisch die Vorwürfe, die Dido (Opfer) gegen Aeneas (Täter) erhebt.
B 2.2 Bewerten Sie die Vorwürfe nach den Kategorien: persönlich – rechtlich.
B 2.3 Zeigen Sie, dass die Vorwürfe stilistisch besonders dramatisch gestaltet sind. Erläutern Sie die Stilmittel, indem Sie deren Wirkung genau auf die Situation beziehen.
B 2.4 Wenn Sie Ihre eigenen Gefühle (aus A) bzw. die von Freundin/Freund mit denen von Dido vergleichen: Können Sie Reaktionsmuster erkennen, die zu allen Zeiten gültig sind?

B 3 *Mene fugis?* – Kommunikationsprobleme

B 3.1 Eine Person, die **so** fragt, kennt die Antwort nicht, wenn sie die Frage mit der Partikel *-ne* versieht. Überprüfen Sie die Situation: Notieren Sie Antworten, mit denen Dido rechnen muss, wenn sie fragt: *me-ne fugis?* Fügen Sie eine mögliche Begründung hinzu.

Mögliche Antworten:
(a) ...., weil ....
(b) ...., weil ....
(c) ...., weil ....

B 3.2 Nach der Lehre der Kommunikationswissenschaft stecken in jeder Aussage vier Botschaften: entweder liefert die Botschaft eine reine Sachinformation (**Sachebene**) oder sie dient dem Sender der Botschaft als Gelegenheit, etwas über sich zu sagen (**Selbstkundgabe**); oder sie sagt etwas über die Beziehung zwischen Sender und Empfänger (**Beziehungsseite**) oder der Sender schickt mit der Nachricht vor allem auch einen Appell an den Empfänger (**Appellseite**).

Untersuchen Sie eine der möglichen Antworten des Aeneas auf diese vier Aspekte.

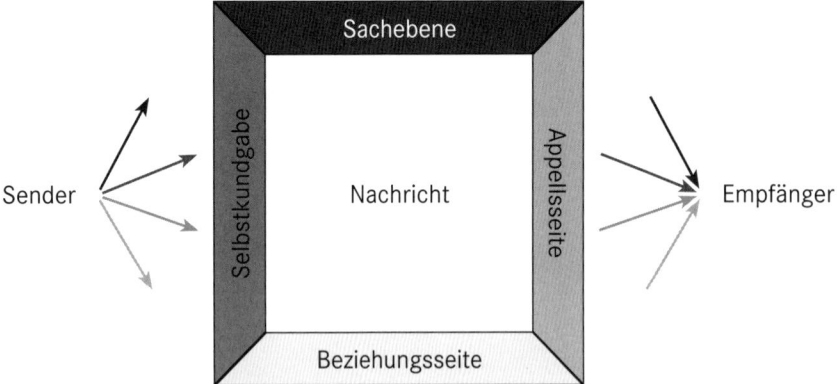

Abb. 18: Vier Seiten einer Nachricht

Sachebene:

....
....
....

Selbstkundgabe:

....
....
....

Beziehungsseite:

....
....
....

Appellseite:

....
....
....

B 4 Per deos immortales!

B 4.1 Stellen Sie aus den Versen 314–316 die lateinischen Wendungen zusammen, die mit der Präposition *per* eingeleitet werden. Bestimmen Sie die Funktion der Präposition. Was bezweckt ein Mensch, der seine Aussagen so einleitet?

Per!

1. ....
2. ....
3. ....
4. ....

Ziel der Formulierungen:

B 4.2 Übertragen Sie die allgemeine Erkenntnis auf Dido: Was will sie mit *per*-Wendungen erreichen? Beschreiben Sie das Ziel ihrer Worte:

B 4.3 Wie empfinden Sie selbst diese Formulierungen?

C 1 Heutige Instanzen

C 1.1

»Ein Gerücht entsteht, wenn jemand (man kann ihn als Urheber des Gerüchts bezeichnen) eine Tatsachenbehauptung oder eine These ›in die Welt setzt‹, also mindestens einem Dritten gegenüber äußert. Typisch für ein Gerücht ist ein gewisser Verbreitungsgrad. Er hängt davon ab, wie oft und wie schnell ein durchschnittlicher Empfänger das Gerücht weitererzählt. Die Tatsachenbehauptung oder These kann wahr, halb-wahr oder unwahr sein; man kann zwischen Unwahrheit und Lüge unterscheiden. Das Entstehen einer unwahren Tatsachenbehauptung oder These wird begünstigt, wenn der Urheber eine stark subjektiv gefärbte Wahrnehmung hat, Vermutungen für Tatsachen nimmt, wenn er zu Verschwörungstheorien neigt.« (www.wikipedia.de, Stichwort: Gerücht, [gekürzt])

Fassen Sie diesen Text knapp zusammen und wenden Sie die Aussagen auf Didos Situation an.

C 1.2 Stellen Sie sich vor, Sie lesen auf Facebook, dass ein führender Politiker zurücktreten wolle. Spielen Sie zwei Szenarien durch: (a) das Gerücht ist wahr, (b) das Gerücht ist eine Lüge. Unterstellen Sie dem Urheber des Gerüchts, dass er bei der Verbreitung des Gerüchts politische Motive hat. Vergleichen Sie Ihre Ergebnisse mit denen anderer.

C 1.3 Bei der Dido-Geschichte wird der Urheber des Gerüchts nicht genannt. Versuchen Sie zu erklären, woher die antike Vorstellung einer Göttin namens Fama kommen könnte. Bedenken Sie auch, dass die Fama den Status einer Gottheit besitzt.

C 2 Dido – vorher und nachher

Wählen Sie eine der zwei Aufgaben:

Aufgabe A:
Verändern Sie das Aussehen der Dido so, dass sie der gleicht, die im Text beschrieben wird.

Aufgabe B:
Verfassen Sie unter dem Titel *Ich hoffe, weil ich fürchte* ein Gedicht in der Form eines Elfchens. Ein Elfchen besteht aus einer bestimmten Anzahl an Wörtern: Zeile 1: ein Wort / Zeile 2: zwei Wörter / Zeile 3: drei Wörter / Zeile 4: vier Wörter / Zeile 5: ein Wort (insgesamt: elf Wörter).
Beispiel für ein Elfchen:

> Fäden
> gefangen, fremdbestimmt
> im leeren Raum
> ein Schritt ins Nichts
> Ungewissheit
> (Gedicht angesichts des Todes)

Abb. 19: Dido

Bildnachweise

akg images:
- Abb. 10 Konfirmandin
- Abb. 2 Pythia
- Abb. 8 Joseph und seine Brüder
- Abb. 11 Kunstunterricht

Colourbox:
- Abb. 1 Kolosseum
- Abb. 7 Musketier
- Abb. 14 Waage
- Abb. 15 alte Frau
- Abb. 16 sportliche Rentner
- Abb. 17 Vermessung der Schönheit

Fotolia:
- Abb. 6 Karl der Große
- Abb. 9 Richter

Wikipedia:
- Abb. 3 Schlange
- Abb. 5 Ameise
- Abb. 4 Fliege

Helmut Oberst:
- Abb. 12 Terenz, Die Brüder, in Comics gezeichnet, München 1975

Gemeinfrei:
- Abb. 13 Römer und Juden
- Abb. 18 Vier Seiten einer Nachricht
- Abb. 19 Dido